파고다 오분톡

하루 5분, 무조건 말하는

일본어회화

김수진 I 저

패턴별2

PAGODA Books

초 판 1쇄 인쇄 2020년 6월 17일
초 판 1쇄 발행 2020년 6월 17일

지 은 이 | 김수진
펴 낸 이 | 고루다
펴 낸 곳 | Wit&Wisdom 도서출판 위트앤위즈덤
임프린트 | **PAGODA Books**
책임편집 | 최은혜
디자인총괄 | 손원일, 정현아
마 케 팅 | 도정환, 진부영, 유철민, 김용란, 김대환
출판등록 | 2005년 5월 27일 제 300-2005-90호
주　　소 | 06614 서울특별시 서초구 강남대로 419, 19층(서초동, 파고다타워)
전　　화 | (02) 6940-4070
팩　　스 | (02) 536-0660
홈페이지 | www.pagodabook.com

저작권자 | ⓒ 2020 김수진

ISBN 978-89-6281-849-9(13740)

도서출판 위트앤위즈덤　www.pagodabook.com
파고다 어학원　　　　　www.pagoda21.com
파고다 인강　　　　　　www.pagodastar.com
테스트 클리닉　　　　　www.testclinic.com

PAGODA Books는 도서출판 Wit&Wisdom의 성인 어학 전문 임프린트입니다.
낙장 및 파본은 구매처에서 교환해 드립니다.

머리말

"단어를 열심히 외웠어요. 문법 공부도 나름 열심히 했고요. 근데 말이 안돼요!"
당연하죠. 단어만 외웠으니까요.
단어만 외우면, 단어만 말할 수 있습니다.
문장을 외우면, 문장으로 말할 수 있습니다.

사실 회화라는 것은 어렵지 않아요. 네이티브다운 표현을 통으로 한 문장 익혀서, 단어만 살살 바꿔가며 응용하면 되는 겁니다. 이런 것을 패턴 연습이라고 하지요. 물론 어려운 문장과 단어를 사용하여 유창하게 말하는 것도 의미가 있겠지만, 의외로 일본사람들은 회화에서 우리가 생각하는 것보다 훨씬 더 간단하고 쉬운 표현들을 많이 사용합니다.

〈파고다 5분톡 일본어회화 패턴별 1〉에 이어, 이 책에서는 '맛 표현부터 일상생활의 소소한 부탁에 이르기까지' 일본 친구들과의 다양한 일상 회화에 도움이 될만한 표현들을 모아봤습니다.
또, 한국말로는 같은 의미의 단어지만, 일본말의 다른 사용법에 대해서도 다뤘습니다.
매일 5분간의 토크를 통하여, 간단하지만 현지인다운 표현들을 익혀보세요.
또한, 일본 문화에 관한 설명도 조금씩 함께 하였습니다. 이 책을 계기로 일본과 좋은 인연을 맺어, 한국과 일본이 좋은 관계로 발전해 나아갔으면 하는 바람입니다.

끝으로 이 책을 출간하기까지는 많은 분들의 도움이 있었습니다.
Pagoda Books의 센스만점 최은혜 매니저님과 출판사 여러분들, 감수로 수고해 준 오랜 친구 쿠로시마 요시코 선생님, 성우 선생님 두 분께도 감사드립니다. 그리고 항상 지지해주고 응원해준 우리 가족 사랑합니다.

저자 **김수진**

책 내용 미리보기

오늘의 문장

일본에서 가장 많이 쓰이는 활용도 200% 표현만 엄선했습니다. 강조 표시된
문형만 기억해두면 내가 원하는 문장으로 얼마든지 활용할 수 있답니다.

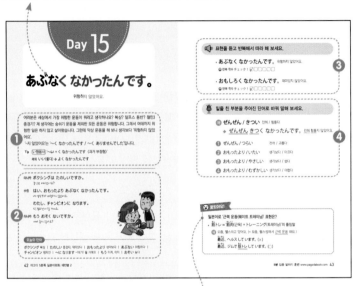

몰랐어요!

이것이 바로 디테일한 진짜 일본어! 활용 TIP까지 알아두면
현지인도 감탄하게 만드는 일본어 실력자가 될 거예요.

❶ 문장 사용설명서

수진쌤이 들려주는 일본의 요모조모! 그리고 오늘의
문장은 언제 어떻게 사용하면 좋은지 등을 이해가 쏙
쏙 되도록 설명했습니다.

❷ 실전 회화

현장감이 생생하게 살아있는 대화를 통해서, 실제 장
면에서는 어떻게 사용되는지 확인해 볼까요? 문장 속
에 사용된 단어는 하단에서 확인할 수 있습니다.

❸ 따라 말하기

원어민 음성을 듣고 똑같이 따라 해 봅시다. 크게 말해
보는 것만으로 일본어 발음은 물론 암기력 향상에도
도움이 된다는 사실! 반복 횟수를 체크하면서 연습해
보세요.

❹ 바꿔 말하기

제시된 단어를 바꿔 넣으면서 핵심 문형을 알차게 활
용해 봅시다. 효율적인 학습법으로 오늘의 문장은 물
론 확장된 표현까지 완전정복 해 보아요~!

파고다 5분톡!이 더욱 재미있어지는 특별 페이지

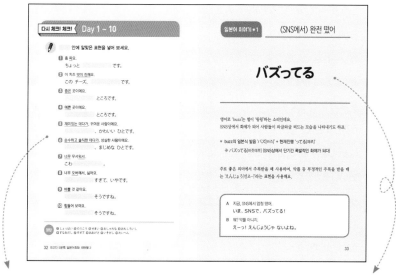

10일 치 학습을 마쳤다면 학습성취도를 점검해볼 차례입니다. 빈칸을 채우고 자신 있게 읽어봅시다~! 틀린 부분만 체크해서 복습하면 일본어 핵심 패턴은 나의 것!

우리말을 그대로 일본어 사전으로 번역한 회화는 한계가 있지요. 한마디를 말해도 진짜 일본어로 말하고 싶은 분들을 위해 준비했습니다. 원어민이 사용하는 일본어의 정체를 낱낱이 파헤쳐 봅시다~!

> "하루 5분씩, 100일만 일본어로 말하면
> 내 입에서도 일본어 문장이 술술!"

파고다 5분톡! 무료 강의를 이용한 학습법

step 1 저자 직강 오디오 강의를 청취하며 교재 내용 이해하기

step 2 원어민 음성 MP3를 따라 교재의 예문을 반복해서 소리내어 말하기

step 3 5분 집중 말하기 훈련을 통해 데일리 표현 마스터하기

목차

7

목차

목차

5분톡 사이트
바로가기

하루 5분씩 100일,
내 입에서 일본어가 술술 나올 때까지!

5분톡 일본어회화 학습을 끌어주고
밀어주는 부가 자료 4가지

1 저자 직강 데일리 음성 강의

5분톡의 저자 수진 선생님이 파고다 대표 일본어 강사로서의 노하우를 담아 직접 전해주는 음성
강의와 함께 하세요. 교재 내용을 보다 확실하고 폭넓게 이해할 수 있도록 도와드립니다.

– 네이버 오디오클립에서 '파고다 5분톡 일본어회화 패턴별 2'를 검색하여 청취

2 5분 집중 말하기 훈련

일본어 문장을 직접 말해보며 녹음하고, 원어민의 발음과 비교해 보세요. 따라 말하기 연습을 충분히 마친
뒤에는 한국어 뜻에 맞게 일본어로 말해보는 테스트를 통해 데일리 표현을 마스터할 수 있습니다. 하루
5분씩, 말하기 집중 훈련 프로그램과 함께 발화 연습량을 차곡차곡 쌓아가 봅시다.

– 파고다북스 홈페이지에 접속하여 '5분톡' 탭에서 실행 (PC / 모바일)

3 교재 예문 MP3

일본어 귀가 트이려면 여러 번 반복해서 듣는 게
최고! 책에 수록된 모든 예문을 원어민의 목소리
로 들어볼 수 있는 생생한 음성자료를 무료 제
공합니다.

– 파고다북스 홈페이지에서 다운로드 받아 청취
　(실시간 스트리밍도 가능)

4 5분톡 발음 클리닉

한국인이 어려워하는 포인트만 엄선했습니다. 파
고다 베테랑 일본어회화 선생님의 발음 클리닉
강의를 통해 나의 일본어 발음을 한 단계 업그레
이드하고 스피킹에 자신감을 더해 보세요.

– 파고다북스 홈페이지 또는 유튜브에서 '파고다
　5분톡 발음 클리닉'을 검색하여 시청

ちょっと しょっぱいです。

좀 짜요.

요즘은 다양한 맛집 후기를 참고하여 식당을 고릅니다. 단순히 '맛있어요'라는 글귀만으로는 신뢰가 가지 않습니다. 다양한 맛 표현을 봐야만 '솔직 후기' 같아 안심이 됩니다. 오늘은 다양한 맛 표현을 만들어 볼까요?
'~이에요'는 '~です'입니다.

Tip 끝이 「い」로 끝나는 (い형용사) '~い + です 〈정중형〉'

수진 この りょうりは からいですか。
이 요리는 매운가요?

점원 おきゃくさま! からいですが、
손님! 맵지만,

あぶらっこく なくて、あまいです。
느끼하지 않고 달콤합니다.

수진 そうですか。おいしそうですね。
그래요? 맛있겠네요.

오늘의 단어

この りょうり 이 요리 | からい 맵다 | おきゃくさま 손님 | ~ですが 입니다만 |
あぶらっこく なくて 느끼하지 않고 | あまい 달콤하다, 달다 | そうですか 그래요? |
おいしそうだ 맛있겠다

🔊 **표현을 듣고 반복해서 따라 해 보세요.**

- **ちょっと しょっぱいです。** 좀 짜요.
  ☺ 반복 횟수 チェック！ ☑☐☐☐☐☐

- **ちょっと あまいです。** 좀 달아요.
  ☺ 반복 횟수 チェック！ ☑☐☐☐☐☐

🎤 **밑줄 친 부분을 주어진 단어로 바꿔 말해 보세요.**

예 **けっこう / からい** 꽤 / 맵다
   ➔ **けっこう からいです。** 꽤 매워요.

① **けっこう / すっぱい**　꽤 / 시다

② **いつも / あじが うすい**　항상 / 싱겁다

③ **ぜんぶ / あまずっぱい**　전부 / 새콤달콤하다

④ **とても / あぶらっこい**　아주 / 느끼하다

😊 **몰랐어요!**

'**くさい**'의 의미는?

- **〜くさい**　나쁜 냄새가 나다

  예 **にんにくくさい** 마늘 냄새 나다　　**なまぐさい** 비린내 나다
  さかなくさい 생선 비린내 나다　　**さけくさい** 술 냄새 나다
  こげくさい 탄내 나다

この チーズ、のうこうです。

이 치즈, 맛이 진해요.

여러분의 '집밥'은 어떤 음식인가요? 소박하고 순한 맛이지만, 자꾸만 생각나는 그런 요리인가요? 아니면, 자극적이고 맛이 진한 요리인가요? 이번에는 다양한 맛의 표현을 만들어 볼까요?

'집밥'은 'いえ(집) + の(의) + ごはん(밥)'이라는 직역 표현도 사용하지만, '어머니의 손맛' 'おふくろ(어머니) + の(의) + あじ(맛)'라는 표현을 자주 사용합니다.

Tip 끝이 「だ」로 끝나는 [な형용사] '〜だ + です 〈정중형〉'

수진　**おふくろの あじが なつかしいですね。**
집밥이 그립네요.

기무라　**スジンさんの おふくろの あじは**
そぼくで まろやかですか。
수진 씨의 집밥은 소박하고 순한 맛인가요?

수진　**いいえ、ただ りょうが おおい だけです。**
아니요. 그냥 양이 많을 뿐이에요.

오늘의 단어

おふくろの あじ 집밥(어머니의 맛) ｜ なつかしい 그립다 ｜ そぼくで 소박하고 ｜
まろやかだ 맛이 순하다, 부드럽다 ｜ いいえ 아니요 ｜ ただ 단지, 그냥 ｜ りょう 양 ｜ おおい 많다 ｜
〜だけ ~만, ~뿐

- **このチーズ、のうこうです。** 이 치즈, 맛이 진해요.
  ☺️ 반복 횟수 チェック！ ☑◻◻◻◻◻

- **このさしみ、しんせんです。** 이 회, 신선해요.
  ☺️ 반복 횟수 チェック！ ☑◻◻◻◻◻

🎤 밑줄 친 부분을 주어진 단어로 바꿔 말해 보세요.

예 **りょうりの バランス / ぜつみょうだ** 요리의 밸런스 / 절묘하다

➡ **りょうりの バランスが ぜつみょうです。**

요리의 밸런스가 딱 좋아(절묘해)요.

1 **おにく / じょうしつだ** 고기 / 질이 좋다(고급이다)

2 **カレー / まろやかだ** 카레 / 맛이 순하다

3 **りょうり / しげきてきだ** 요리 / 자극적이다

4 **スープ / そぼくだ** 수프 / 소박한 맛이다

 몰랐어요!

일본어로 '맛'을 나타내는 표현은?

- **さっぱりです** 산뜻해요
- **こってりです** 기름져요
- **あっさりです** 깔끔해요
- **ピリッとします** 톡 쏘아요

ちかい ところです。

가까운 곳이에요.

여러분은 이사할 때, 어떤 조건을 가장 우선시하나요? 역에서 가까운 곳, 넓은 곳, 해가 잘 드는 곳? 혹시 배산임수의 완벽한 풍수를 꿈꾸며, 산과 물이 있는 곳을 찾아 헤매고 있나요?

'~한 곳이에요'는 '〜 ところです'입니다. 참고로 '역세권'은 'えきぜいけん'이지만, 전문용어로 회화에서는 잘 사용하지 않습니다. 회화에서는 'えきしゅうへん(역 주변)'이라고 합니다.

Tip い형용사 '〜い + 명사 〈수식형〉'

모리　**きょうの のみかいは ちかい ところですか。**
오늘 회식은 가까운 곳이에요?

수진　**ちょっと とおい ところです。**
조금 먼 곳이에요.

でも おいしい みせです。
근데 맛있는 가게예요.

오늘의 단어

きょう 오늘 ┃ のみかい 회식 ┃ ちかい 가깝다 ┃ ちょっと 좀, 조금 ┃ とおい 멀다 ┃
でも 근데, 하지만 ┃ おいしい 맛있다 ┃ みせ 가게

🔊 표현을 듣고 반복해서 따라 해 보세요.

- **ちかい ところです。** 가까운 곳이에요.
  ☺ 반복 횟수 チェック！ ☑ ☐☐☐☐☐

- **あかるい ところです。** 밝은 곳이에요.
  ☺ 반복 횟수 チェック！ ☑ ☐☐☐☐☐

 밑줄 친 부분을 주어진 단어로 바꿔 말해 보세요.

(예) せまい 좁다

➡ <u>せまい</u> ところです。 <u>좁은</u> 곳이에요.

① ひろい 넓다   **②** くらい 어둡다

③ とおい 멀다   **④** ここから とおい 여기에서 멀다

⑤ いい 좋다   **⑥** なつに いい 여름에 좋다

😀 **몰랐어요!**

'ところ'의 의미는?

1. 장소, 곳   (예) ちかい <u>ところ</u> 가까운 곳
2. ~네 집   (예) たなかさんの <u>ところ</u> 다나카 씨네 집
3. ~한 점, 부분   (예) いい <u>ところ</u> 좋은 점, 장점

Day 4

おしゃれな ところです。

예쁜 곳이에요.

요즘은 SNS에 올라오는 예쁜 가게 사진이 많습니다. 그렇다면 '아~ 정말 예쁜 가게예요!' 라는 표현은 일본어로 어떻게 할까요? 'おしゃれだ(세련되다/멋쟁이다)'는 멋을 냈을 때, 그 멋이 잘 어울려서 예쁜 경우에 사용하다 보니, '예쁘다'의 의미로 해석하기도 합니다. '~한 곳이에요'는 '〜 ところです'입니다.

Tip [な형용사] '〜だ + な + 명사 〈수식형〉'

수진　おしゃれな みせですね。ゆうめいな ところですか。
　　　예쁜 가게네요. 유명한 곳이에요?

다나카　はい？ せんしゅう いっしょに いったじゃ ないですか。
　　　네? 지난주에 같이 갔잖아요.

수진　ほんとうですか。わたしが。
　　　정말요? 제가요?

오늘의 단어

おしゃれだ 예쁘다, 세련되다 | みせ 가게 | ゆうめいだ 유명하다 | せんしゅう 지난주 |
いっしょに 함께, 같이 | いった 갔다 | 〜じゃ ないですか ~이(가) 아닌가요, ~잖아요 |
ほんとう 정말로, 진짜로 | わたし 나, 저 | 〜が ~이, ~가

🔊 표현을 듣고 반복해서 따라 해 보세요.

- **おしゃれな ところです。** 예쁜(세련된) 곳이에요.
  ☺ 반복 횟수 チェック！ ☑☐☐☐☐☐

- **にぎやかな ところです。** 번화한(북적거리는) 곳이에요.
  ☺ 반복 횟수 チェック！ ☑☐☐☐☐☐

🎤 밑줄 친 부분을 주어진 단어로 바꿔 말해 보세요.

예 **きれいだ** 예쁘다, 깨끗하다

➡ **きれいな ところです。** 깨끗한 곳이에요.

① **ゆうめいだ** 유명하다　② **にほんで ゆうめいだ** 일본에서 유명하다

③ **しずかだ** 조용하다　④ **いつも しずかだ** 항상 조용하다

⑤ **とくべつだ** 특별하다　⑥ **わたしの とくべつだ** 나의 특별하다

 몰랐어요!

'きれいだ'의 의미는?

- **きれいだ** 예쁘다(사람, 경치 등에 사용) / 깨끗하다
  예 **きれいな ところです。** 예쁜 곳이에요. (경치)
  예 **きれいな ところです。** 깨끗한 곳이에요. (가게)
  * **おしゃれな ところです。** 예쁜 곳이에요. (가게)

Day 5

おもしろい ひとです。

재미있는 사람이에요.

여러분의 친구는 어떤 사람인가요? 여러분의 상사는? 애인은? 가족은? 친한 사람들의 특징을 일본어로 표현해 볼까요?
'~한 사람이에요'는 '〜 ひとです'입니다.

> **Tip** (い형용사) '〜い + 명사(~한 명사)'
>
> (い형용사) '〜い + し(~인 데다가 / ~한 데다가)'

다나카 スジンさんの じょうしは どんな ひとですか。
수진 씨의 상사는 어떤 사람이에요?

수진 かっこいいし かしこい ひとです。
멋있는 데다가 똑똑한 사람이에요.

다나카 いい ひとですね。
좋은 사람이네요.

수진 でも、せいかくが わるいし、こわい ひとです。
근데, 성격이 나쁘고, 무서운 사람이에요.

오늘의 단어

じょうし (직장) 상사 ｜ どんな 어떤 ｜ かっこいい 멋있다 ｜ 〜し ~인 데다가, ~이고 ｜
かしこい 똑똑하다 ｜ いい 좋다 ｜ でも 근데, 하지만 ｜ せいかくが わるい 성격이 나쁘다 ｜
こわい 무섭다

- **おもしろい ひとです。** 재미있는 사람이에요.
  ☺반복 횟수 チェック! ☑☐☐☐☐☐

- **かわいい ひとです。** 귀여운 사람이에요.
  ☺반복 횟수 チェック! ☑☐☐☐☐☐

 밑줄 친 부분을 주어진 단어로 바꿔 말해 보세요.

(예) **おもしろい / かわいい** 재미있다 / 귀엽다

→ **おもしろいし、かわいい ひとです。**

재미있는 데다가, 귀여운 사람이에요.

① **かっこいい / かしこい** 멋있다 / 똑똑하다

② **やさしい / せが たかい** 상냥하다 / 키가 크다

③ **ださい / せいかくが わるい** 촌스럽다 / 성격이 나쁘다

④ **たのもしい / くちが かたい** 믿음직하다 / 입이 무겁다

😀 **몰랐어요!**

일본어로 '입이 무겁다' 표현은?

- **重い** 무겁다   ➡ **口が 重い** 말수가 적다
- **堅い** 단단하다, 딱딱하다   ➡ **口が 堅い** 입이 무겁다(비밀을 잘 지킨다)

すなおな ひとです。

순수하고 솔직한 사람이에요.

여러분은 상대의 말을 곡해하지 않고 그대로 받아들이는 편인가요? 아니면, 상대가 왜 나에게 그런 말을 했을까? 왜일까? 하며 계속 상대의 의중을 생각하는 편인가요?

상대의 말을 있는 그대로 순순히 받아들이는 순수하고 솔직한 성격을 일본에서는 'すなおだ'라고 합니다.

'~한 사람이에요'는 '〜 ひとです'입니다.

Tip な형용사 '〜だ + な + 명사(~한 명사)'

な형용사 '〜だ + し(~인 데다가 / ~한 데다가)'

하야시 スジンさんは すなおな ひとですね。

수진 씨는 (꼬이지 않은) 순순한 사람이군요.

수진 わたしの ことも よく しらない くせに。

나에 대해서 잘 알지도 못하면서.

どうして きゅうに?

왜 갑자기?

하야시 スジンさんは すなおな ひとじゃ ないですね。

수진 씨는 순순한 사람이 아니군요.

오늘의 단어

すなおだ 순수하고 솔직하다 | わたしの こと 나에 대한 것 | 〜も ~도 | よく 잘 |
しらない くせに 알지도 못하면서 | どうして 왜 | きゅうに 갑자기 |
〜じゃ ないですね ~이(가) 아니군요

표현을 듣고 반복해서 따라 해 보세요.

- **すなおな ひとです。** 순수하고 솔직한 사람이에요.
  😊 반복 횟수 チェック! ☑☐☐☐☐☐

- **わがままな ひとです。** 제멋대로인 사람이에요.
  😊 반복 횟수 チェック! ☑☐☐☐☐☐

🎤 **밑줄 친 부분을 주어진 단어로 바꿔 말해 보세요.**

예 **すなおだ / まじめだ** 순수하고 솔직하다 / 성실하다

➔ **すなおだし まじめな ひとです。**
순수하고 솔직한 데다가 성실한 사람이에요.

① **わがままだ / たんきだ** 제멋대로다 / 성격이 급하다

② **じゅんすいだ / きれいだ** 순수하다 / 예쁘다

③ **がんこだ / じこちゅうだ** 고집쟁이다 / 자기중심적이다

④ **ゆかいだ / こせいてきだ** 유쾌하다 / 개성적이다

😃 **몰랐어요!**

영어 형용사는 전부 'な형용사'로?

- **シャイな ひと** 샤이한 사람, 수줍음을 많이 타는 사람
- **クールな ひと** 쿨한 사람
- **ハッピーな ひと** 해피한 사람, 행복한 사람
- **デリケートな ひと** 델리케이트한 사람, 섬세한 사람
- **キュートな ひと** 큐트한 사람, 귀여운 사람

Day 7

うるさすぎて…。

너무 시끄러워서….

일본에서는 부정 또는 거절의 표현을 말할 때, 말끝을 흐립니다. 끝까지 또박또박 이야기하면 오히려 예의 없어 보인다고 생각합니다. '이곳은 너무 시끄러워서….'라는 상대의 말에 '이곳은 가기 싫군요. 다른 조용한 곳으로 가요.'라고 말해야 합니다.
'너무(지나치게) ~해서'는 '〜すぎて'입니다.

Tip い형용사 '〜い + すぎる(너무 ~하다)'

예외 いい(좋다) ➡ よすぎる / ない(없다) ➡ なさすぎる

모리 **ここ どうですか。**
여기 어때요?

수진 **うるさすぎて…。となりの みせは どうですか。**
너무 시끄러워서…. 옆 가게는 어때요?

모리 **となりの みせは たかすぎて…。**
옆 가게는 너무 비싸서….

수진 **わたしたち きびしすぎかな。**
우리 너무 까다로운가?

오늘의 단어

ここ 여기, 이곳 | どうですか 어때요? | うるさい 시끄럽다 | となりの みせ 옆 가게 |
たかい 비싸다 | わたしたち 우리들 | きびしい 엄격하다, 까다롭다 | 〜かな ~인가, ~일까

표현을 듣고 반복해서 따라 해 보세요.

- **うるさすぎて…。** 너무 시끄러워서….

  ☺ 반복 횟수 チェック！ ☑☐☐☐☐☐

- **さむすぎて…。** 너무 추워서….

  ☺ 반복 횟수 チェック！ ☑☐☐☐☐☐

🎤 **밑줄 친 부분을 주어진 단어로 바꿔 말해 보세요.**

예 **こわい** 무섭다

➔ **こわ**すぎて…。 너무 무서워서….

1 **きびしい** 엄격하다

2 **ひどい** 심하다

3 **まずい** 맛없다

4 **たかい** 비싸다

😀 **몰랐어요!**

'~すぎる'의 사용법은?

1. 부정적 강조의 표현

   예 暑(あつ)すぎる。너무 더워.

2. 오버해서 칭찬할 때도

   예 今日(きょう)美(うつく)しすぎる。오늘 너무 아름다워.

   山田(やまだ)さんの料理(りょうり)、おいしすぎる。야마다 씨의 요리, 너무 맛있어.

Day 8

しょうじきすぎて、
いやです。

너무 솔직해서, 싫어요.

'솔직함' '성실함' '자유' '친절함'은 모두 좋은 겁니다. 하지만 좋은 것도 항상 도를 지나치면, 오히려 피곤하게 느껴질 수 있습니다. 적!당!히!를 마음에 새기며, '너무(지나치게)'를 연습해 볼까요?
'너무(지나치게) ~해서'는 '〜すぎて'입니다.

Tip な형용사 '〜だ + すぎる(너무 ~하다)'

수진 ダンスが へたすぎて、はずかしいです。
춤을 너무 못 춰서, 부끄러워요.

모리 しょうじき、スジンさんは へただと おもいます。
솔직히, 수진 씨는 못한다고 생각해요.

수진 えっ！しょうじきすぎて、きずついた。
네? 너무 솔직해서, 상처받았어.

〰〰〰 **오늘의 단어** 〰〰〰

ダンス 춤 ｜ 〜が へただ ~을(를) 못하다 ｜ はずかしい 부끄럽다 ｜ しょうじきだ 솔직하다 ｜
〜と おもいます ~라고 생각해요 ｜ きずついた 상처받았어

🔊 표현을 듣고 반복해서 따라 해 보세요.

- **しょうじきすぎて、いやです。** 너무 솔직해서, 싫어요.

  😊 반복 횟수 チェック！ ☑☐☐☐☐☐

- **しんせつすぎて、いやです。** 너무 친절해서, 싫어요.

  😊 반복 횟수 チェック！ ☑☐☐☐☐☐

🎤 밑줄 친 부분을 주어진 단어로 바꿔 말해 보세요.

 おおげさだ / いやだ 오버하다 / 싫다

➜ <u>おおげさ</u>すぎて、<u>いや</u>です。 너무 오버해서, 싫어요.

① じゆうだ / つらい　　　자유롭다 / 괴롭다

② むくちだ / つまらない　말이 없다 / 따분하다

③ かってだ / いやだ　　　멋대로다 / 싫다

④ えが へただ / はずかしい　그림을 못 그리다 / 부끄럽다

😃 **몰랐어요!**

일본어로 '너무 솔직해' 표현은?

- 正直^{しょうじき}すぎる　지나치게 솔직해
- 馬鹿正直^{ば か しょうじき}　솔직한 바보(너무 솔직해서 융통성이 없는 것)

Day 9

おいしそうですね。

맛있어 보여요. / 맛있을 것 같아요.

여러분은 갓 나온 음식을 보며, '맛있겠다~' '맛있어 보여요!'라고 외친 적 있나요? '없어요!' 하신 분이 있다면, 그건 사람이 아니무니다! 또, 나를 위해 음식을 준비한 사람에게, 그냥 '잘 먹겠습니다!'라는 표현보다는 '너무 맛있을 것 같아요. 잘 먹겠습니다!'라고 한다면, 상대방의 기분이 더 업될 겁니다.

'~일 것 같아요 / ~해 보여요'는 '～そうですね'입니다.

Tip 　い형용사 '～い + そうだ(~일 것 같다)'

예외 いい(좋다) ➡ よさそうだ / ない(없다) ➡ なさそうだ

수진　おいしそうですね。いただきます。
　　　　맛있어 보여요. 잘 먹겠습니다.

점원　どうぞ。
　　　　드셔보세요.

수진　ほんとうに おいしいですね。もっと ください。
　　　　정말로 맛있네요. 더 주세요.

점원　おきゃくさま! こちらは ししょく コーナーですが。
　　　　손님! 여기는 시식 코너입니다만.

오늘의 단어

おいしい 맛있다 ｜ いただきます 잘 먹겠습니다 ｜ どうぞ (권유 표현) ｜ ほんとうに 정말로 ｜ もっと 더, 더욱더 ｜ ください 주세요 ｜ おきゃくさま 손님 ｜ こちら 여기, 이쪽(정중한 표현) ｜ ししょく コーナー 시식 코너 ｜ ～ですが ~입니다만

표현을 듣고 반복해서 따라 해 보세요.

- **おいしそうですね。** 맛있어 보여요.

  ☺️ **반복 횟수 チェック!** ☑️◻️◻️◻️◻️◻️

- **からそうですね。** 매울 것 같아요.

  ☺️ **반복 횟수 チェック!** ☑️◻️◻️◻️◻️◻️

🎤 밑줄 친 부분을 주어진 단어로 바꿔 말해 보세요.

예 **いそがしい** 바쁘다

➡️ <u>いそがし</u>そうですね。 바쁠 것 같아요.

① **ねむい** 졸리다　　② **たかい** 비싸다

③ **うれしい** 기쁘다　　④ **つよい** 강하다, 세다

⑤ **おさけが つよい** 술이 세다　　⑥ **かぜが つよい** 바람이 강하다

😄 **몰랐어요!**

'**そうです**'의 의미는?

1. 맞장구　예 <u>そうですね。</u> 그렇군요.
2. 전달　예 おいしい + <u>そうです。</u> 맛있다고 합니다.
3. 추측　예 おいし + <u>そうです。</u> 맛있을 것 같아요.

Day 10

らくそうですね。

편안해 보여요. / 편안할 것 같아요.

세상에서 가장 편안한 직업은 뭘까요? 정답은………'남의 직업'!
내 일은 참 고되고 힘들며, 남의 일은 그렇게 편안해 보일 수 없습니다. 편한 일을 하기 위해서는 지금의 내 일을 즐기는 수밖에 방법이 없군요.
'~일 것 같아요 / ~해 보여요'는 '〜そうですね'입니다.

Tip (な형용사) '〜だ + そうだ(~일 것 같다)'

수진 この バイト、らくそうですね。
이 알바, 편안해 보여요.

스즈키 そうですね。じきゅうも たかいし。
그렇네요. 시급도 높은 데다가.

수진 でも、バイトさきまで おうふく さんじかんです。
근데, 알바하는 곳까지 왕복 3시간이에요.

스즈키 やっぱり この よに
らくな バイトは ありませんね。
역시 이 세상에 편한 알바는 없군요.

> ### 오늘의 단어

この 이 | バイト 알바('아르바이트'의 준말) | らくだ 편안하다 | そうですね 그렇네요 |
じきゅう 시급 | たかいし 비싼 데다가 | でも 근데, 하지만 | バイトさき 알바하는 곳 |
〜まで ~까지 | おうふく 왕복 | さんじかん 3시간 | やっぱり 역시 | この よに 이 세상에 |
ありませんね 없군요

🔊 **표현을 듣고 반복해서 따라 해 보세요.**

- **らくそうですね。** 편할 것 같아요.
  ☺ **반복 횟수 チェック！** ☑☐☐☐☐☐

- **たいへんそうですね。** 힘들어 보여요.
  ☺ **반복 횟수 チェック！** ☑☐☐☐☐☐

 밑줄 친 부분을 주어진 단어로 바꿔 말해 보세요.

예 **ひまだ** 한가하다

➡ **ひま**そうですね。 한가해 보여요.

❶ **ふあんだ** 불안하다 ❷ **ふべんだ** 불편하다

❸ **げんきだ** 건강하다 ❹ **みんな げんきだ** 모두 건강하다

❺ **ふくざつだ** 복잡하다

❻ **もんだいが ふくざつだ** 문제가 복잡하다

😊 **몰랐어요!**

일본어로 '편하다' 표현은?

- **らくだ** 편안하다(몸과 마음이 거북하지 않음)
- **べんりだ** 편리하다(도구나 물건의 용도가 편리함)

예 내 집이다 생각하고, 편하게 앉아요. ➡ **らくだ**(편안하다)

예 여기는 교통이 편해요. ➡ **べんりだ**(편리하다)

안에 알맞은 표현을 넣어 보세요.

1 좀 <u>짜요</u>.

ちょっと _____ です。

2 이 치즈 <u>맛이 진해요</u>.

この チーズ、_____ です。

3 <u>좁은</u> 곳이에요.

_____ ところです。

4 <u>예쁜</u> 곳이에요.

_____ ところです。

5 <u>재미있는 데다가</u>, 귀여운 사람이에요.

_____ 、かわいい ひとです。

6 <u>순수하고 솔직한 데다가</u>, 성실한 사람이에요.

_____ 、まじめな ひとです。

7 너무 <u>무서워서</u>.

こわ _____ 。

8 너무 <u>오버해서</u>, 싫어요.

_____ すぎて、いやです。

9 <u>바쁠 것 같아요</u>.

_____ そうですね。

10 <u>힘들어 보여요</u>.

_____ そうですね。

---

 1 しょっぱい **2** のうこう **3** せまい **4** おしゃれな **5** おもしろいし
6 すなおだし **7** すぎて **8** おおげさ **9** いそがし **10** たいへん

(SNS에서) 완전 떴어

バズってる

영어로 'buzz'는 벌이 '윙윙'하는 소리인데요.
SNS상에서 화제가 되어 사람들이 와글와글 떠드는 모습을 나타내기도 하죠.

＊ buzz의 일본식 발음 'バズ[바즈]' + 현재진행 'ってる[떼루]'

　➡ バズってる[바즛떼루] (SNS상에서 단기간 폭발적인 화제가 되다)

주로 좋은 의미에서 주목받을 때 사용하며, 악플 등 부정적인 주목을 받을 때
는 'えんじょう[엔죠-]'라는 표현을 사용해요.

A 지금, SNS에서 엄청 떴어.
いま、SNSで、バズってる!

B 뭐? 악플 아니지.
えーっ! えんじょうじゃ ないよね。

Day 11

そんなに ながく ないです。

그렇게 길진 않아요.

옷 가게에서 점원이 묻습니다. '손님! 옷이 좀 크진 않으세요?' '스커트 길이가 길진 않으세요?' 이럴 때, '아뇨. 별로 크지 않아요.' '그렇게 길진 않아요.'라고 대답해 볼까요?
'~지 않아요'는 '〜く ないです / 〜く ありません'입니다.

Tip い형용사 '〜い + く ないです 〈부정형〉'

예외 いい(좋다) ➔ よく ないです

점원 おきゃくさま！ そでは ながく ありませんか。
손님! 소매가 길지 않나요?

수진 いいえ、そんなに ながく ないです。
아뇨. 그렇게 길지 않은데요.

ちょうど いいです。
딱 맞아요.

> **오늘의 단어**

おきゃくさま 손님 ｜ そで 소매 ｜ ながい 길다 ｜ そんなに 그렇게 ｜ ちょうど 딱, 마침 ｜ いい 좋다

표현을 듣고 반복해서 따라 해 보세요.

• **そんなに ながく ないです。** 그렇게 길진 않아요.

　☺반복 횟수 チェック！ ☑️⬜⬜⬜⬜⬜

• **そんなに みじかく ないです。** 그렇게 짧지 않아요.

　☺반복 횟수 チェック！ ☑️⬜⬜⬜⬜⬜

🎤 밑줄 친 부분을 주어진 단어로 바꿔 말해 보세요.

예 **そんなに / おおきい** 그렇게 / 크다

　➜ **そんなに おおきく ないです。** 그렇게 크지 않아요.

1️⃣ **そんなに / ちいさい** 그렇게 / 작다

2️⃣ **あまり / あつい** 　별로 / 두껍다

3️⃣ **あまり / うすい** 　별로 / 얇다

4️⃣ **あまり / おもい** 　별로 / 무겁다

😜 **몰랐어요!**

'**あつい**'의 의미는?

• 暑い 덥다　↔　寒い 춥다
• 熱い 뜨겁다　↔　冷たい 차갑다
• 厚い 두껍다　↔　薄い 얇다

すこし
じみじゃ ないですか。

좀 평범하지 않아요?

옷 가게에서 옷을 입어보며 거울 앞에서 얘기합니다. '이 디자인이 나한테는 너무 이상하지 않나요?' '이 옷, 좀 평범하지 않아요?'
'~하지 않아요?'는 '～じゃ ないですか / ～じゃ ありませんか'입니다. 'じゃ ないですか / じゃ ありませんか'는 형태상 부정의 의문문이지만, 강조의 표현으로 사용하기도 합니다.

Tip (な형용사) '～だ + じゃ ないです 〈부정형〉'

수진 わたしには すこし へんじゃ ないですか。
나한테는 좀 이상하지 않아요?

점원 いいえ、おきゃくさまに ぴったりです。
아니요. 손님에게 딱 어울리시는데요.

손님 すみません、わたしには すこし
タイトじゃ ないですか。
저기요. 나한테는 좀 끼지 않아요?

점원 いいえ、おきゃくさまに ぴったりです。
아니요. 손님에게 딱 어울리시는데요.

오늘의 단어

わたし 나, 저 | ～に ~에게, ~한테 | すこし 조금 | へんだ 이상하다 | いいえ 아니요 |
おきゃくさま 손님 | ぴったりだ 딱 맞다, 딱 좋다 | タイトだ 타이트하다, 꽉 끼다

표현을 듣고 반복해서 따라 해 보세요.

- **すこし じみじゃ ないですか。** 조금 수수(평범)하지 않아요?

  ☺ 반복 횟수 チェック! ☑☐☐☐☐☐

- **すこし はでじゃ ないですか。** 조금 화려하지 않아요?

  ☺ 반복 횟수 チェック! ☑☐☐☐☐☐

🎤 밑줄 친 부분을 주어진 단어로 바꿔 말해 보세요.

(예) **やっぱり / へんだ** 역시 / 이상하다

→ **やっぱり へんじゃ ないですか。** 역시 이상하지 않아요?

① **やっぱり / すてきだ** 역시 / 멋지다

② **やっぱり / ぴったりだ** 역시 / 딱이다, 딱 맞다

③ **すこし / カジュアルだ** 조금 / 캐주얼하다

④ **すこし / タイトだ** 조금 / 타이트하다, 꽉 끼다

😃 **몰랐어요!**

일본어로 '잘 어울려요' 표현은?

- **ぴったりです。** 딱 맞네요.
- **ふさわしいです。** 어울리네요.
- **よくにあいます。** 잘 맞네요.

Day 13

ひとが おおかったんです。

사람이 많았어요.

여행을 다녀온 친구에게는 어땠는지 꼭 물어보게 됩니다. '온천이 너무 좋았어요' '사람이 많았어요'라는 이야기를 들으면서 직접 가지는 못해도 대리만족을 하게 되는 것 같습니다.

'~였어요'는 '〜かったんです'입니다.

Tip い형용사 '〜い + かったんです 〈과거형〉'

예외 いい(좋다) ➡ よかったんです

수진 りょこうは たのしかったですか。
　　　여행은 즐거웠나요?

기무라 たのしかったんです。とくに おんせんが とても よかったんです。
　　　즐거웠어요. 특히 온천이 너무 좋았어요.

수진 なつに おんせんですか。
　　　여름에 온천이요?

　　　そんなに うらやましく ないですね。
　　　그렇게 부럽지 않네요.

오늘의 단어

りょこう 여행 | たのしい 즐겁다 | とくに 특히 | おんせん 온천 | とても 매우, 너무 |
いい 좋다 | なつに 여름에 | そんなに 그렇게 | うらやましく ない 부럽지 않아

🔊 표현을 듣고 반복해서 따라 해 보세요.

- **ひとが おおかったんです。** 사람이 많았어요.
  😊 반복 횟수 チェック！ ☑️⬜⬜⬜⬜⬜

- **ひとが すくなかったんです。** 사람이 적었어요.
  😊 반복 횟수 チェック！ ☑️⬜⬜⬜⬜⬜

🎤 밑줄 친 부분을 주어진 단어로 바꿔 말해 보세요.

 おんせん / いい 온천 / 좋다 ＊いい ➡ よかったんです

➡ <u>おんせんが よかったんです</u>。 온천이 좋았어요.

① **りょうり / おいしい** 요리 / 맛있다

② **りょこう / たのしい** 여행 / 즐겁다

③ **りょかん / たかい** 여관(료칸) / 비싸다

④ **ホテル / やすい** 호텔 / 싸다

😀 **몰랐어요!**

일본어로 '과거'를 나타내는 표현은?
- 昨日(きのう) 어제
- 先週(せんしゅう) 지난주
- 去年(きょねん) 작년
- 一昨日(おととい) 그저께
- 先月(せんげつ) 지난달
- 一昨年(おととし) 재작년

Day 14

ふあんだったんです。

불안했어요.

여러분은 혼자만의 여행을 떠나 본 적이 있나요? 친한 사람들과 함께하는 여행도 좋지만, 혼자만의 여행은 또 다른 맛이 있습니다. 오롯이 자신만을 위한 자유를 누릴 수 있으며, 새로운 사람과의 만남을 가질 기회도 더 많습니다. 또, 여행이 끝난 후의 성취감도 큽니다. '출발 전에는 불안했어요. 하지만 정말 좋았어요.'라는 문장을 만들어 볼까요? '~했어요'는 '〜だったんです'입니다.

Tip (な형용사) '〜だ + だったんです〈과거형〉'

수진 はじめての ひとりたびは どうだったんですか。
처음 하는 혼자 여행은 어땠어요?

기무라 さいしょは ふあんだったんですけど、よかったんです。
처음에는 불안했는데, 좋았어요.

수진 ところで、わたしの おみやげは?
그건 그렇고, 내 선물은?

오늘의 단어

はじめての 처음 하는 | ひとりたび 혼자 여행 | どうだったんですか 어땠어요 |
さいしょ 최초, 맨 처음 | ふあんだ 불안하다 | 〜けど ~지만, ~인데 | よかったんです 좋았어요 |
ところで 그건 그렇고 | わたしの 나의 | おみやげ (여행, 출장) 선물

🔊 표현을 듣고 반복해서 따라 해 보세요.

- **さいしょは ふあんだったんです。** 맨 처음에는 불안했어요.
  😊 반복 횟수 チェック！ ☑☐☐☐☐☐

- **みんな しんせつだったんです。** 모두 친절했어요.
  😊 반복 횟수 チェック！ ☑☐☐☐☐☐

🎤 밑줄 친 부분을 주어진 단어로 바꿔 말해 보세요.

예 **ひとりたび / ふあんだ** 혼자 하는 여행 / 불안하다

→ **ひとりたびは ふあんだったんです。**
   혼자 하는 여행은 불안했어요.

❶ **けしき / きれいだ** 경치 / 예쁘다

❷ **やけい / みごとだ** 야경 / 볼만하다

❸ **たてもの / りっぱだ** 건물 / 훌륭하다

❹ **まち / にぎやかだ** 거리 / 번화하다

😸 **몰랐어요!**

'はじめての'의 의미는?

- **はじめての** 처음 하는, 처음 해 보는
  예 **はじめての りょこう** 처음 가는 여행
  はじめての こい 처음 하는 사랑(첫사랑)
  はじめての ひこうき 처음 타는 비행기
  はじめての タイ りょうり 처음 먹는 태국 요리

Day 15

あぶなく なかったんです。

위험하지 않았어요.

여러분은 세상에서 가장 위험한 운동이 뭐라고 생각하나요? 복싱? 알프스 등반? 철인3종경기? 제 생각에는 숨쉬기 운동을 제외한 모든 운동은 위험합니다. 그래서 여태까지 위험한 일은 하지 않고 살아왔습니다. 그런데 막상 운동을 해 보니 생각보다 '위험하지 않았어요'.

'~지 않았어요'는 '〜く なかったんです / 〜く ありませんでした'입니다.

Tip (い형용사) '〜い + く なかったんです 〈과거 부정형〉'

예외 いい(좋다) ➡ よく なかったんです

다나카 **ボクシングは たのしいですか。**
복싱은 재미있나요?

수진 **はい、おもったより あぶなく なかったんです。**
네, 생각보다 위험하지 않았어요.

わたし、チャンピオンに なります。
난, 챔피언이 될 거예요.

다나카 **もう おそく ないですか。**
이미 늦지 않나요?

오늘의 단어

ボクシング 복싱 | たのしい 즐겁다, 재미있다 | おもったより 생각보다 | あぶない 위험하다 | チャンピオン 챔피언 | 〜に なります ~이(가) 될 거예요 | もう 이제, 이미 | おそい 늦다

🔊 표현을 듣고 반복해서 따라 해 보세요.

- **あぶなく なかったんです。** 위험하지 않았어요.

  ☺ 반복 횟수 チェック！ ☑☐☐☐☐☐

- **おもしろく なかったんです。** 재미있지 않았어요.

  ☺ 반복 횟수 チェック！ ☑☐☐☐☐☐

🎤 밑줄 친 부분을 주어진 단어로 바꿔 말해 보세요.

예 **ぜんぜん / きつい** 전혀 / 힘들다

➡ <u>**ぜんぜん**</u> **きつく なかったんです。** <u>전혀</u> 힘들지 않았어요.

❶ **ぜんぜん / つらい** 전혀 / 괴롭다

❷ **おもったより / いたい** 생각보다 / 아프다

❸ **おもったより / やさしい** 생각보다 / 쉽다

❹ **おもったより / むずかしい** 생각보다 / 어렵다

😊 몰랐어요!

일본어로 '근력 운동(웨이트 트레이닝)' 표현은?

- 筋(きん)トレ = '筋肉(きんにく)(근육) + トレーニング(트레이닝)'의 줄임말

  예 요즘, 헬스하고 있어요. (= 요즘, 헬스장에서 근력 운동 해요.)

  最近(さいきん)、ヘルス しています。(×)

  最近(さいきん)、ジムで 筋(きん)トレ しています。(○)

Day 16

すきじゃ なかったんです。

좋아하지 않았어요.

저는 2년 전에 돼지국밥에 처음 입문하여, 지금은 너무나 좋아합니다. 여러분도 전에는 좋아하지 않았지만, 지금은 좋아하게 된 것이 있나요?
'~하지 않았어요'는 '〜じゃ なかったんです / 〜じゃ ありませんでした'입니다. 또, '전에는'은 'まえ(전) + に(에) + は(는)'라는 직역 표현도 사용하지만, 회화에서는 'まえは'라고 합니다.

Tip な形容詞 '〜だ + じゃ なかったんです〈과거 부정형〉'

나카지마 スジンさんは パクチーが すきですね。
수진 씨는 고수를 좋아하는군요.

수진 むかしは すきじゃ なかったんですけど、いまは だいすきです。
옛날에는 좋아하지 않았는데, 지금은 정말 좋아해요.

나카지마 わたしと まぎゃくです。
나와 정반대예요.

むかしは すきだったんですけど、
いまは きらいです。
옛날에는 좋아했는데, 지금은 (고수가) 싫어요.

오늘의 단어

パクチー 고수 ｜ すきだ 좋아하다 ｜ むかし 옛날(에) ｜ 〜けど ~지만, ~인데 ｜ いま 지금 ｜
だいすきだ 정말 좋아하다 ｜ 〜と ~와, ~과 ｜ まぎゃく 정반대 ｜ 〜だったんです ~했어요 ｜
きらいだ 싫어하다

🔊 **표현을 듣고 반복해서 따라 해 보세요.**

- **すきじゃ なかったんです。** 좋아하지 않았어요.

  😊 반복 횟수 チェック！ ☑☐☐☐☐☐

- **まえは すきじゃ なかったんです。** 전에는 좋아하지 않았어요.

  😊 반복 횟수 チェック！ ☑☐☐☐☐☐

🎙️ **밑줄 친 부분을 주어진 단어로 바꿔 말해 보세요.**

例 **まえ / たいへんだ** 전(에) / 힘들다

➡ <u>まえ</u>は <u>たいへん</u>じゃ なかったんです。

  <u>전에</u>는 <u>힘들</u>지 않았어요.

① **むかし / きらいだ**　　　옛날(에) / 싫어하다

② **むかし / じょうずだ**　　옛날(에) / 잘하다

③ **こどもの とき / げんきだ**　어렸을 때 / 건강하다(기운 넘치다)

④ **こどもの とき / じょうぶだ**　어렸을 때 / 튼튼하다

😃 **몰랐어요!**

일본어로 '어렸을 때' 표현은?
- 子供の 時　　• 子供の 頃　　＊子供 어린이
- 小さい 時　　• 小さい 頃　　＊小さい 작다
- 幼い 時　　　• 幼い 頃　　　＊幼い 어리다, 철없다

どっちが かわいいですか。

어느 쪽이 귀여워요?

인생을 살다 보면 둘 중 하나를 선택해야 할 때가 참 많습니다. 작게는 음식의 사이드 메뉴를 선택할 때부터, 크게는 이 직장을 다닐지 말지까지. 고민될 때는 나를 잘 아는 친한 사람에게 조언을 구해 보세요.

'어느 쪽이 ~이에요?'는 'どっちが ～ですか'입니다.

'どっち'는 'どちら'의 회화체 표현입니다.

점원 おのみものは コーヒーと こうちゃ、どちらが よろしいですか。

음료수는 커피와 홍차, 어느 쪽이 좋으시겠습니까?

수진 りょうほう もらえますか。

둘 다 줄 수 있나요?

오늘의 단어

おのみもの 음료수(정중한 표현) | ～は ~은, ~는 | コーヒー 커피 | ～と ~와, ~과 | こうちゃ 홍차 |
どちら 어느 쪽 | ～が ~이, ~가 | よろしい 좋으시다(존경 표현) | りょうほう 둘 다, 양쪽 다 |
もらえますか 받을 수 있나요?, 줄 수 있나요?

- **どっちが かわいいですか。** 어느 쪽이 귀여워요?

  ☺반복 횟수 チェック！ ✓☐☐☐☐☐

- **どっちが やすいですか。** 어느 쪽이 싸요?

  ☺반복 횟수 チェック！ ✓☐☐☐☐☐

🎤 밑줄 친 부분을 주어진 단어로 바꿔 말해 보세요.

예 **コーヒー / こうちゃ / いい** 커피 / 홍차 / 좋다

➡ <u>コーヒー</u>と <u>こうちゃ</u>、どっちが <u>いい</u>ですか。

<u>커피</u>와 <u>홍차</u>, 어느 쪽이 <u>좋아</u>요?

1 ごはん / パン / いい　　　　　밥 / 빵 / 좋다

2 ビール / ワイン / つよい　　　맥주 / 와인 / 세다

3 でんしゃ / バス / はやい　　　전철 / 버스 / 빠르다

4 ジョギング / じてんしゃ / ダイエットに いい

　　　조깅 / 자전거 / 다이어트에 좋다

 몰랐어요!

'**どっちが いいですか**'의 정중한 점원 표현은?

- **どちらが よろしいですか。** 어느 쪽이 괜찮으시겠습니까?

  예 **お飲み物は コーヒーと 紅茶、どちらが よろしいですか。**

  음료수는 커피와 홍차, 어느 쪽이 괜찮으시겠습니까?

  お飲み物は 食前と 食後、どちらが よろしいですか。

  음료수는 식전과 식후, 어느 쪽이 좋으시겠습니까?

Day 18

どっちが だいじですか。

어느 쪽이 (더) 중요해요?

살면서 애인이나 배우자에게 '나야, 일이야? 택해! 어느 쪽이 더 중헌디~?'라는 질문을 받아 본 적이 있나요? 이때는 모범 답안이 정해져 있습니다. '나에게는 네가 훨씬 중요하지만, 지금은 일이 조금 걱정이야.' 이 말을 듣는 순간 상대방은 '어서 가서 일해. 어서~!'라고 말해 줄 겁니다.

'어느 쪽이 ~이에요?'는 'どっちが ～ですか'입니다. 또, 'もっと(더/더욱)'를 추가하여, 'どっちが もっと ～ですか(어느 쪽이 더 ~이에요?)'라고 비교급 문장을 강조하기도 합니다.

수진　わたしと しごと、どっちが だいじですか。
　　　나와 일, 어느 쪽이 중요해요?

다나카　あなたの ほうが だいじだけど、
　　　네가 중요하지만,

　　　いまは しごとの ほうが しんぱいです。
　　　지금은 일이 걱정이에요.

오늘의 단어

わたし 나, 저 ｜ ～と ～와, ~과 ｜ しごと 일, 직업 ｜ だいじだ 중요하다, 소중하다 ｜ あなた 당신, 너 ｜
～の ほうが ~의 쪽이 ｜ ～だけど ~하지만, ~인데 ｜ いま 지금 ｜ しんぱいだ 걱정이다

🔊 표현을 듣고 반복해서 따라 해 보세요.

- **どっちが しんぱいですか。** 어느 쪽이 걱정이에요?
  ☺반복 횟수 チェック！ ☑☐☐☐☐☐

- **どっちが きらくですか。** 어느 쪽이 마음 편해요?
  ☺반복 횟수 チェック！ ☑☐☐☐☐☐

🎤 밑줄 친 부분을 주어진 단어로 바꿔 말해 보세요.

 かぞく / しごと / だいじだ 가족 / 일 / 중요하다

➡ **かぞくと しごと、どっちが だいじですか。**
  가족과 일, 어느 쪽이 중요해요?

① KTX / ひこうき / べんりだ   KTX / 비행기 / 편리하다
② えいが / えんげき / すきだ   영화 / 연극 / 좋아하다
③ えいご / にほんご / とくいだ   영어 / 일본어 / 자신 있다
④ この ふく / その ふく / すてきだ   이 옷 / 그 옷 / 멋지다

😊 **몰랐어요!**

일본어로 '둘 다 좋아요' 표현은?

- **どっちも いいです。** 어느 쪽도 좋아요
- **どちらでも かまいません。** 어느 쪽이라도 상관없어요.
- **りょうほう いいです。** 양쪽 다 좋아요.

Bの ほうが
ただしいです。

B 쪽이 맞는 거예요.

'A와 B, 어느 쪽이 올바른 표현인가요?' 일본어를 어느 정도 공부한 분들이 저에게 와서 많이 하는 질문입니다. 사전에는 같은 의미로 나오는 두 단어지만, 정확한 쓰임을 나누지 못할 때가 많습니다. '이 상황에서는 B 쪽이 맞는 표현이에요.'라는 제 대답에 상쾌한 얼굴로 돌아가는 학생을 보면 보람을 느낍니다. 단, 일본에서는 'B가 맞아요' 보다는 'B 쪽이 맞아요'라는 표현을 더 좋아합니다.
'B 쪽이 ~해요'는 'Bの ほうが 〜です'입니다.

수진　わたしは スカートより ズボンの ほうが おおいです。
　　　나는 스커트 보다 바지 쪽이 더 많아요.

점원　おきゃくさま！こちらの スカートが とても おにあいです。
　　　손님! 이 스커트가 아주 잘 어울리시는데요.

수진　そうですか。
　　　그래요?

　　　じゃ、スカートの ほう、ぜんぶ みせて ください。
　　　그럼, 스커트 쪽, 전부 보여주세요.

오늘의 단어

わたし 나, 저 ｜ スカート 스커트, 치마 ｜ 〜より ~보다 ｜ ズボン 바지 ｜ おおい 많다 ｜
おきゃくさま 손님 ｜ こちら 이, 이쪽(정중한 표현) ｜ とても 매우, 아주 ｜ おにあい 잘 어울림 ｜
そうですか 그래요? ｜ じゃ 그럼 ｜ ぜんぶ 전부 ｜ みせて ください 보여 주세요

- **こっちの ほうが ただしいです。** 이쪽이 맞는 거예요.
  ☺반복 횟수 チェック！☑☐☐☐☐☐☐

- **こっちの ほうが きついです。** 이쪽이 더 꽉 껴요.
  ☺반복 횟수 チェック！☑☐☐☐☐☐☐

 밑줄 친 부분을 주어진 단어로 바꿔 말해 보세요.

예 **スカート / ズボン / おおい** 스커트 / 바지 / 많다

➡ <u>スカート</u>より <u>ズボン</u>の ほうが <u>おおい</u>です。

　　<u>스커트</u>보다 <u>바지</u> 쪽이 더 <u>많아요</u>.

① **ともだち / こいびと / いい**　　친구 / 애인 / 좋다

② **とうきょう / ソウル / すずしい**　도쿄 / 서울 / 시원하다

③ **しょうせつ / えいが / おもしろい** 소설 / 영화 / 재미있다

④ **かれ / わたし / がまんづよい**　　그 / 나 / 잘 참다

몰랐어요!

'きつい'의 의미는?

1. 빡빡하다, 여유가 없다　예 ふくが きつい。 옷이 꽉 껴.
　　　　　　　　　　　　　　じかんが きつい。 시간이 빡빡해.

2. 심하다, 과격하다　　　　예 いいかたが きつい。 말투가 과격해.
　　　　　　　　　　　　　　きつい じょうだん 심한 농담
　　　　　　　　　　　　　　きつい しごと 고된 일

Day 20

いまの ほうが しあわせです。

지금(쪽)이 더 행복해요.

'결혼은 하는 게 좋을까요? 안 하는 게 좋을까요?' 미혼인 사람은 결혼한 사람을 보면 항상 묻습니다. '결혼한 지금이 훨씬 훨씬 좋죠!'라고 말할 수 있도록 우리 모두 열심히 삽시다! 단, 일본에서는 '지금이 행복해요'보다는 '지금 쪽이 행복해요'라는 표현을 더 좋아합니다. 'B 쪽이 ~해요'는 'Bの ほうが ～です'입니다.

수진 けっこん まえより いまの ほうが しあわせですか。
결혼 전보다 지금이 행복한가요?

야마다 わかりません。でも こうかいは して いません。
모르겠어요. 근데 후회는 안 해요.

수진 だったら、しあわせですね。
그렇다면, 행복한 거예요.

> **오늘의 단어**

けっこん まえ 결혼 전 | ～より ~보다 | いま 지금 | しあわせだ 행복하다 |
わかりません 모르겠어요 | でも 하지만, 근데 | こうかい 후회 |
して いません 하고 있지 않아요, 안 해요 | だったら 그렇다면

표현을 듣고 반복해서 따라 해 보세요.

- **いまの ほうが しあわせです。** 지금(쪽)이 더 행복해요.
  ☺ **반복 횟수 チェック！** ☑☐☐☐☐☐

- **わたしの ほうが しんけんです。** 내가 더 진지해요.
  ☺ **반복 횟수 チェック！** ☑☐☐☐☐☐

🎤 밑줄 친 부분을 주어진 단어로 바꿔 말해 보세요.

예 けっこん まえ / いま / しあわせだ 결혼 전 / 지금 / 행복하다

➡ **けっこん まえより いまの ほうが しあわせです。**
　　결혼 전보다 지금(쪽)이 행복해요.

① くるま / でんしゃ / べんりだ　　자동차 / 전철 / 편리하다

② べんきょう / うんどう / いやだ　　공부 / 운동 / 싫다

③ しょうちゅう / ビール / すきだ　　소주 / 맥주 / 좋아하다

④ かのじょ / あなた / きれいだ　　그녀 / 당신 / 예쁘다

😀 **몰랐어요!**

일본어로 '행복하세요!' 표현은?

예 いつまでも お幸せに。 언제까지나 행복하세요.

末永く お幸せに。 영원히 행복하세요.

안에 알맞은 표현을 넣어 보세요.

1 그렇게 크지 않아요.

そんなに おおき 　　　　　　　。

2 역시 이상하지 않아요?

やっぱり へん 　　　　　　　。

3 온천이 좋았어요.

おんせんが 　　　　　　　。

4 혼자 하는 여행은 불안했어요.

　　　　　　　 は ふあんだったんです。

5 전혀 힘들지 않았어요.

ぜんぜん 　　　　　　　 なかったんです。

6 전에는 좋아하지 않았어요.

まえは すき 　　　　　　　。

7 맥주와 와인, 어느 쪽이 세요?

ビール 　　　 ワイン、　　　　　　　 が つよいですか。

8 가족과 일, 어느 쪽이 중요해요?

かぞく 　　　 しごと、　　　　　　　 だいじですか。

9 스커트보다 바지 쪽이 더 많아요.

スカート 　　　 ズボン 　　　　　　　 おおいです。

10 결혼 전보다 지금(쪽)이 행복해요.

けっこん まえより 　　　　　　　 が しあわせです。

정답 **1** く ないです **2** じゃ ないですか **3** よかったんです **4** ひとりたび **5** きつく
6 じゃ なかったんです **7** と / どっち **8** と / どっちが **9** より / の ほうが **10** いまの ほう

타피오카 음료 마실래

タピる

1990년대 초 일본에서 붐이었던 타피오카 음료가 2013년 이후 오랜 기간 제2
의 전성기를 누리고 있어요.

2018년 10대 소녀들이 뽑은 트랜드 랭킹에 '타피오카 가게 순회'가 2위를 차지
할 정도였지요.

2019년에는 유행어 대상에도 선정되었어요.

* 타피오카의 줄임말 'タピ[타피]' + 동사의 어미 'る[루]' ➡ タピる[타피루]

A 더운데 뭐 한잔 마실까?
　　あついし、なんか のむ?

B 그럼, 타피오카 마실래?
　　じゃあ、タピる?

A 응, 타피오카 마실래.
　　うん、タピる。

あつく なりましたね。

더워졌네요.

상대에게 처음 건네는 인사말 한마디는 그 사람의 이미지를 나타내기도 하며, 상대를 존중하는 표현이기도 합니다. 일본에서는 특히 계절 인사를 참 많이 사용합니다. '갑자기 더워졌지요?' '요즘 선선해졌어요.'

'~해졌네요 / ~하게 되었어요'는 '〜く なりましたね'입니다.

Tip (い형용사) '〜い + く なりました〈상태의 변화〉'

예외 いい(좋다) ➜ よく なりました

수진 **さいきん あつく なりましたね。**

요즘 더워졌네요.

もう なつですね。

벌써 여름이에요.

모리 **やばい。**

큰일이네.

わたし、なつは いつも はだが くろく なります。

나, 여름에는 항상 피부가 까매져요.

さいきん 요즘, 최근 | あつい 덥다 | もう 벌써, 이제 | なつ 여름 | やばい 큰일이다 |
わたし 나, 저 | いつも 항상, 언제나 | はだ 피부 | くろい 까맣다 |
〜く なります ~해져요, ~하게 돼요

🔊 표현을 듣고 반복해서 따라 해 보세요.

- **あつく なりましたね。** 더워졌네요.
  ☺반복 횟수 チェック！ ☑☐☐☐☐☐

- **むしあつく なりましたね。** 무더워졌네요.
  ☺반복 횟수 チェック！ ☑☐☐☐☐☐

🎤 밑줄 친 부분을 주어진 단어로 바꿔 말해 보세요.

예 **さいきん / さむい** 요즘(최근) / 춥다

➜ <u>さいきん</u> <u>さむく</u> なりましたね。 요즘 추워졌네요.

❶ さいきん / すずしい　　　요즘 / 선선하다

❷ さいきん / あたたかい　　요즘 / 따뜻하다

❸ きゅうに / かぜが つよい　갑자기 / 바람이 세다

❹ きゅうに / あめが はげしい　갑자기 / 비가 거세다

😀 **몰랐어요!**

일본어로 '날씨'를 나타내는 표현은?
- 날씨가 좋다　　天気が いい
- 날씨가 나쁘다　天気が 悪い
- 날씨가 덥다　　暑い (○)　　天気が 暑い (×)
- 날씨가 춥다　　寒い (○)　　天気が 寒い (×)

　＊ 天気(날씨)는 'いい'와 '悪い' 외에는 함께 사용하지 않아요!

むちゅうに なりました。

푹 빠졌어요.

여러분은 시간을 잊을 정도로 무언가에 빠진 적이 있나요? 저는 한때 '방 탈출 게임'에 빠진 적이 있습니다. 방안을 여기저기 터치하면서 단서를 찾아 탈출하는 게임인데요. 한동안은 수업하다가도 교실 안을 여기저기 터치해 볼 정도로 푹 빠져 있었습니다.
'~에 푹 빠지다(몰두하다)'는 '〜に むちゅうだ',
'~해졌네요 / ~하게 되었어요'는 '〜に なりました'입니다.

Tip な형용사 '〜だ + に なりました 〈상태의 변화〉

스즈키 うちの こが すっかり ミッキーに むちゅうに なりました。
우리 아이가 완전히 미키에 푹 빠졌어요.

수진 わかります。わたしも こどもの とき そうだったんです。
알아요. 나도 어렸을 때 그랬어요.

でも、そのうち そつぎょうしますよ。
근데, 가까운 시일 안에 졸업할 거예요(잊을 거예요).

오늘의 단어

うちの こ 우리 아이 | すっかり 완전히 | ミッキー 미키('미키마우스'의 준말) |
わかります 알아요, 알겠어요 | わたしも 나도 | こどもの とき 어렸을 때 |
そうだったんです 그랬어요 | でも 근데, 하지만 | そのうち 가까운 시일 안에 |
そつぎょうします 졸업할 거예요

표현을 듣고 반복해서 따라 해 보세요.

- **むちゅうに なりました。** 푹 빠졌어요.

  ☺ 반복 횟수 チェック！ ☑☐☐☐☐☐

- **ゲームに むちゅうに なりました。** 게임에 푹 빠졌어요.

  ☺ 반복 횟수 チェック！ ☑☐☐☐☐☐

🎤 밑줄 친 부분을 주어진 단어로 바꿔 말해 보세요.

예 **あなた** 너, 당신

➡ **あなたに むちゅうに なりました。** 당신에게 푹 빠졌어요.

1 **あみもの** 뜨개질

2 **スペイン りょうり** 스페인 요리

3 **アイドル** 아이돌

4 **やまのぼり** 등산

😃 **몰랐어요!**

일본어로 '푹 빠졌어요' 표현은?

예 **アニメに 夢中(むちゅう)に なりました。** 애니메이션에 푹 빠졌어요.

예 **すしに ハマりました。** 초밥에 빠졌어요.

예 **かれのことで 頭(あたま)が いっぱいです。** 그에 관한 것으로 머릿속이 꽉 찼어요.

Day 23

おおきく して ください。

크게 해 주세요.

'천재는 열심히 하는 사람을 못 이기며, 열심히 하는 사람은 즐기는 사람을 못 이긴다.'라는 말이 있습니다. 저도 어록 하나 남겨 볼까 합니다.
'언어는 열심히 하는 사람을 못 이기며, 열심히 하는 사람은 큰 소리로 말하는 사람을 못 이긴다.' 열심히 (눈으로만 글자를) 익힌 사람은 큰 소리(눈, 입, 귀 등 온몸으)로 익힌 사람보다 절대 언어를 잘할 수 없습니다. 언어는 '전신운동'입니다. 그래서 수업 시간에는 항상 '더 크게!' '더 크게!'를 외칩니다.
'~히 / ~하게'는 '〜く'입니다.

Tip (い형용사) '〜い + く 〈부사형〉'

예외 いい(좋다) ➡ よく

수진 おおきく! もっと おおきく! にほんごは こえを おおきく して ください。
크게! 더 크게! 일본어는 목소리를 크게 하세요.

선생님 となりの クラスですけど。
옆 반인데요.

こえを もう ちょっと ちいさく して ください。
목소리를 좀 더 작게 해 주세요.

오늘의 단어

おおきい 크다 | もっと 더, 더욱더 | にほんご 일본어 | こえ 목소리 | となりの クラス 옆 반 |
〜ですけど ~인데요 | もう ちょっと 좀 더 | ちいさい 작다

표현을 듣고 반복해서 따라 해 보세요.

· **おおきく して ください。** 크게 해 주세요.
☺ 반복 횟수 チェック！ ☑️☐☐☐☐☐

· **こえを おおきく して ください。** 목소리를 크게 해 주세요.
☺ 반복 횟수 チェック！ ☑️☐☐☐☐☐

🎤 밑줄 친 부분을 주어진 단어로 바꿔 말해 보세요.

예 **せつめい / くわしい** 설명 / 자세하다, 상세하다

➡ **せつめいを くわしく して ください。**

설명을 상세하게 해 주세요.

① **テレビの おと / ちいさい** TV의 볼륨 / 작다

② **はなし / みじかい** 이야기 / 짧다

③ **マッサージ / やさしい** 마사지 / 약하다

④ **じゅんび / はやい** 준비 / 빠르다

😀 몰랐어요!

일본어로 '소리' 표현은?
· 声(こえ) 생물(사람, 동물, 벌레 등)의 목소리
· 音(おと) 목소리를 제외한 나머지 소리

예 자동차 소리가 시끄럽네요. ➡ 車(くるま)の 音(おと)
예 야마다 씨의 말소리가 들려요. ➡ 声(こえ)
✱ 야마다 씨의 발소리가 들려요. ➡ 足音(あしおと)

しずかに して ください。

조용히 해 주세요.

큰 소리로 말해야만 실력이 늘 수 있는 일본어가 있다면, 여러 사람과 함께하는 공공장소에서는 조용히 해야 합니다. 저희 집 근처에는 큰 길거리에서 두어 달 내내 크게 울어대는 아이가 있습니다. '조용히! 조용히 좀 해!'라고 해도 제 말은 듣지를 않습니다. '매앰~ 매앰~!' 하며 울어대는 매미 녀석!

'~히 / ~하게'는 '〜に'입니다.

Tip な형용사 '〜だ + に 〈부사형〉'

수진 しずかに！しずかに して ください。
조용히! 조용히 해요.

매미 ジージージー。
맴~ 맴~ 맴~.

수진 いいかげんに して ください。
어지간히 좀 해요.

〜〜〜 **오늘의 단어** 〜〜〜

しずかだ 조용하다 | ジージージー 맴맴맴(매미 소리) | いいかげんだ 적당하다, 어지간히 하다

🔊 표현을 듣고 반복해서 따라 해 보세요.

- **しずかに して ください。** 조용히 해 주세요.
  😊반복 횟수 チェック！ ☑☐☐☐☐☐

- **せっきょくてきに して ください。** 적극적으로 해 주세요.
  😊반복 횟수 チェック！ ☑☐☐☐☐☐

 밑줄 친 부분을 주어진 단어로 바꿔 말해 보세요.

예 **よる / しずかだ** 밤(에) / 조용하다

➡ **<u>よる</u>は <u>しずかに</u> して ください。**
   밤에는 조용히 해 주세요.

❶ **そうじ / かんたんだ** 청소 / 간단하다
❷ **かぞく / たいせつだ** 가족 / 소중하다, 중요하다
❸ **しごと / まじめだ** 일 / 성실하다
❹ **しつもん / きがるだ** 질문 / (마음) 가볍다

😃 **몰랐어요!**

일본어로 매미의 울음소리 '맴맴~'은?

우리나라는 '맴맴~' 하나이지만, 일본은 다양합니다. 어떤 소리가 가장 매미 소리에 가까워 보이나요?

- ミーンミンミン [미~잉 밍 밍]
- ツクツクホーシ [츠쿠츠쿠 호~ 시]
- シャーシャーシャー [샤~ 샤~ 샤~]

- ジージージー [지~ 지~ 지~]
- セッセーセッセ [쎗세~ 쎗세]

せいかくが いいから。

성격이 좋으니까.

상대가 침을 튀기며 '난 이거 좋아해요'라고 말할 때, 여러분은 어떤 반응을 보이나요?
'왜요? 왜 좋아해요?'라며 좀 더 깊은 관심을 보일 때 상대는 기뻐하겠지요.
'왜(どうして)?'라는 표현은 인간관계에서 꼭 필요한 표현이네요.
'왜?'의 대답으로 '~이니까 / ~이기 때문에'는 '〜から'입니다.

Tip い형용사 `'〜い + から 〈이유〉'`

정중형의 경우 `'〜いです + から'`

수진 この かしゅが どうして すきですか。
이 가수를 왜 좋아해요?

모리 みため だけでなく なかみも いいから、すきです。
겉모습뿐 아니라 내면도 좋기 때문에, 좋아해요.

〰〰〰 **오늘의 단어** 〰〰〰〰〰〰〰〰〰〰〰〰〰〰〰〰〰〰〰〰〰〰〰〰〰〰〰〰〰〰〰〰〰〰〰〰

この かしゅ 이 가수 ㅣ どうして 왜, 어째서 ㅣ 〜が すきだ ~을(를) 좋아하다 ㅣ みため 겉모습 ㅣ
〜だけでなく ~뿐만 아니라 ㅣ なかみ 내면 ㅣ 〜も ~도 ㅣ いい 좋다

🔊 표현을 듣고 반복해서 따라 해 보세요.

- **せいかくが いいから。** 성격이 좋으니까.
  ☺ 반복 횟수 チェック！ ☑️▢▢▢▢▢

- **みためが いいから、すきです。** 겉모습이 좋으니까, 좋아해요.
  ☺ 반복 횟수 チェック！ ☑️▢▢▢▢▢

🎤 밑줄 친 부분을 주어진 단어로 바꿔 말해 보세요.

예 **なかみが いい / すきだ** 내용물(속)이 좋다 / 좋아하다

➡ **なかみが いいから、すきです。**
내용물이 좋기 때문에, 좋아해요.

① **かるい / すきだ** 가볍다 / 좋아하다

② **おもい / きらいだ** 무겁다 / 싫어하다

③ **くだらない / たいくつだ** 시시하다 / 따분하다

④ **しつこい / めいわくだ** 끈질기다 / 민폐이다

 몰랐어요!

'**中身**'의 의미는?

- **中身** 속, 알맹이, 내용물, 내면
  예 **小包の 中身は 何ですか。** 소포의 내용물은 뭔가요?
  この 人は 中身が いいです。 이 사람은 속이 꽉 찬 사람이에요.
  話の 中身が ないです。 이야기에 내용이 없어요.
  見た目より 中身です。 겉모습보다는 질(내면)이에요.

Day 26

じぶん かってだから。

자기 멋대로이니까.

'개성적인 사람'과 '제멋대로인 사람'은 종이 한 장 차이인 것 같습니다. '개성적인 사람'은 동경의 대상이 될 수 있지만, '자기 멋대로인 사람'은 비난의 대상이 될 수 있습니다. 난 개성적이라고 생각했지만, 남들에게 '자기 멋대로이기 때문에, 싫어요.'라는 말을 듣고 있지는 않은지 생각해 보세요.

'~이니까 / ~이기 때문에'는 '〜から'입니다.

Tip な형용사 '〜だ + から 〈이유〉'

정중형의 경우 '〜ぞです + から'

수진 **わたしは しないー！**
난 안 할 거야~!

それが わたしの スタイルだから。
그게 내 스타일이니까!

다나카 **じぶん かってだから、**
자기 멋대로이니까

ともだちが いないんでしょう。
친구가 없지요?

오늘의 단어

わたし 나, 저 ㅣ しない 안 할 거야, 안 해 ㅣ それが 그것이, 그게 ㅣ スタイル 스타일 ㅣ
じぶん かってだ 자기 멋대로다 ㅣ ともだち 친구 ㅣ いないんでしょう 없지요, 없겠지요

🔊 **표현을 듣고 반복해서 따라 해 보세요.**

- **じぶん かってだから。** 자기 멋대로이니까.
  ☺반복 횟수 チェック！ ☑□□□□□

- **じぶん かってだから、 いやです。** 자기 멋대로이기 때문에, 싫어요.
  ☺반복 횟수 チェック！ ☑□□□□□

🎤 **밑줄 친 부분을 주어진 단어로 바꿔 말해 보세요.**

예 **めいわくだ / いやだ** 민폐이다 / 싫다

➔ **めいわくだから、 いやです。** 민폐이기 때문에, 싫어요.

1 **けちだ / いやだ** 인색하다, 구두쇠다 / 싫다

2 **おなじだ / あんしんだ** 같다 / 안심하다

3 **いいかげんだ / むりだ** 적당히 대충하다 / 무리다

4 **あんぜんだ / だいじょうぶだ** 안전하다 / 괜찮다

😀 **몰랐어요!**

일본어에서 '싫다'와 '싫어하다'의 차이는?
- 嫌(いや)だ (조건 또는 상황이) 싫다   ↔ いい 좋다 / 大丈夫(だいじょうぶ)だ 괜찮다
- 嫌(きら)いだ (개인적인 기호로) 싫어하다 ↔ 好(す)きだ 좋아하다

きいろくて まるいです。

노랗고 동그래요.

수수께끼~! '노랗고 동그래요!' 뭘까요~?

'달님?' '이불에 한 실수?'········ 정답은 '참외'입니다.

일본에는 참외가 없습니다. 그래서 한국에 온 일본사람들은 참외를 모릅니다. 물론 어떤 맛인지도 전혀 모릅니다. 그래서 항상 어떻게 설명할지 고민합니다. 여러분도 다양한 특징을 설명해 볼까요?

'~하고 / ~해서'는 '~くて'입니다.

> **Tip** (い형용사) '~い + くて 〈접속형〉'
>
> 예외 いい(좋다) ➡ よくて

사토 チャメって、なんですか。

　　　 참외라는 게 뭔가요?

수진 きいろくて、まるい かんこくの くだものです。

　　　 노랗고 동그란 한국 과일이에요.

사토 おいしいですか。

　　　 맛있어요?

수진 あまくて、おいしいです。

　　　 달콤해서 맛있어요.

오늘의 단어

チャメ 참외(한국 과일) ｜ ~って ~라는 게 ｜ なんですか 뭔가요? ｜ きいろい 노랗다 ｜
まるい 동그랗다 ｜ かんこくの くだもの 한국 과일 ｜ おいしい 맛있다 ｜ あまい 달다, 달콤하다

표현을 듣고 반복해서 따라 해 보세요.

- **きいろくて まるいです。** 노랗고 동그래요.

  ☺ 반복 횟수 チェック! ☑☐☐☐☐☐

- **あまくて おいしい くだものです。** 달고 맛있는 과일이에요.

  ☺ 반복 횟수 チェック! ☑☐☐☐☐☐

🎙 밑줄 친 부분을 주어진 단어로 바꿔 말해 보세요.

예 **ふとい / みじかい / あし** 굵다 / 짧다 / 다리

➡ **ふとくて みじかい あしです。** 굵고 짧은 다리예요.

① **ゆるい / くろい / ズボン** 느슨하다 / 검다 / 바지

② **あつい / おもい / ほん** 두껍다 / 무겁다 / 책

③ **うれしい / いい / きぶん** 기쁘다 / 좋다 / 기분

④ **くやしい / なさけない / ひ** 분하다 / 한심하다 / 날

😀 **몰랐어요!**

일본어로 '두껍다' 표현은?

- **太い** (둘레가) 굵다 ↔ **細い** (둘레가) 가늘다
- **厚い** (두께가) 두껍다 ↔ **薄い** (두께가) 얇다

  예 책이 두껍네요. ➡ **あつい** (책의 두께)

  다리가 두꺼워요. ➡ **ふとい** (다리 둘레)

  두꺼운 빨대 ➡ **ふとい** (빨대의 둘레)

  두꺼운 스테이크 ➡ **あつい** (고기의 두께)

こうきしん おうせいで げんきです。

호기심 왕성하고 기운이 넘쳐요.

일본 인기 애니메이션의 캐릭터인 피카츄는 '호기심 왕성하고 기운이 넘치는 성격'입니다. 피카츄뿐만 아니라, 우리 모두에게 사랑받는 캐릭터들은 전부 같은 성격일 겁니다. 호기심이 없으면 모험은 시작되지 않으니까요.

'~하고 / ~해서'는 '〜で'이며, 'げんきだ'는 '건강하다, 기운이 넘치다'라고 해석합니다.

Tip な형용사 '〜だ + で 〈접속형〉'

수진 こうきしん おうせいで げんきな しゅじんこうですね。
호기심 왕성하고 기운이 넘치는 주인공이네요.

모리 ピカチュウの ことですか。
피카츄 말인가요?

수진 いいえ、ポロロの ことです。
아뇨, 뽀로로 말인데요.

오늘의 단어

こうきしん 호기심 ∣ **おうせいだ** 왕성하다 ∣ **げんきだ** 건강하다, 기운이 넘치다 ∣
しゅじんこう 주인공 ∣ **ピカチュウ** 피카츄(일본 애니메이션 캐릭터) ∣ **〜の ことですか** ~말인가요? ∣
ポロロ 뽀로로(한국 인기 캐릭터)

표현을 듣고 반복해서 따라 해 보세요.

・こうきしん おうせいで げんきです。

호기심 왕성하고 기운이 넘쳐요.

☺ 반복 횟수 チェック！ ☑☐☐☐☐☐

・あんぜんで べんりです。 안전하고 편리해요.

☺ 반복 횟수 チェック！ ☑☐☐☐☐☐

밑줄 친 부분을 주어진 단어로 바꿔 말해 보세요.

예 きみょうだ / ふしぎだ 기묘하다 / 이상하다(불가사의하다)

➡ <u>きみょう</u>で <u>ふしぎ</u>です。 기묘하고 이상해요.

① しずかだ / すてきだ　　　　　　조용하다 / 멋지다

② たんじゅんだ / かんたんだ　　　단순하다 / 간단하다

③ ざんねんだ / しんぱいだ　　　　안타깝다 / 걱정이다

④ かたちも へんだ / あじも へんだ　모양도 이상하다 / 맛도 이상하다

몰랐어요!

일본어로 '이상하다' 표현은?

・変だ　　　　하나만 다른 형태임, 보통과는 다름

・不思議だ　신기하고 불가사의함

예 이 과자 하나만 모양이 <u>이상</u>해요. ➡ へん (다른 형태)

기묘하고 <u>이상</u>한 이야기네요. ➡ ふしぎ (신기함)

<u>이상</u>한 나라의 앨리스 ➡ ふしぎ (불가사의함)

너 오늘 좀 <u>이상</u>해. ➡ へん (평소와는 다름)

こどもが できて、
よかった。

아이가 생겨서, 잘됐다(좋겠네).

'나 애인이 생겼어'라는 친구의 말에 뭐라고 호응하면 좋을까요? '너한테 좋은 사람이 생겨서 정말 잘됐다~!' 친구는 이 말에 '아~! 같이 기뻐해 주는구나'라고 생각할 겁니다.
'~이(가) 생겨서, 잘됐다'는 '〜が できて、よかった'입니다.

Tip 명사 '〜が できる(~이/가 생기다)'

い형용사 '〜い + かった〈과거형〉'   예외 いい(좋다) ➡ よかった

야마다 わたし、こどもが できたんです。
　　　　 나, 아이가 생겼어요.

수진 かわいい こどもが できて、よかったですね。
　　　 귀여운 아이가 생겨서, 잘됐네요.

　　　 こどもの なまえは 'はるこ'で どうですか。
　　　 아이 이름은 '하루코' 어때요?

야마다 あ、あ、ありがとうございます。
　　　　 고, 고, 고마워요.

　　　　 でも、だんなと そうだんして みます。
　　　　 근데, 남편이랑 상의해 볼게요.

오늘의 단어

わたし 나, 저 | こども 아이, 어린이 | できたんです 생겼어요 | かわいい 귀엽다 | なまえ 이름 |
どうですか 어때요? | ありがとうございます 고마워요 | でも 근데, 하지만 | だんな (내) 남편 |
〜と ~와, ~과 | そうだん 상담, 상의 | して みます 해 볼게요

🔊 표현을 듣고 반복해서 따라 해 보세요.

- こどもが できて、よかった。 아이가 생겨서, 잘됐다.

  ☺ 반복 횟수 チェック！ ☑☐☐☐☐☐

- かわいい こどもが できて、よかった。

  귀여운 아이가 생겨서, 잘됐다.

  ☺ 반복 횟수 チェック！ ☑☐☐☐☐☐

🎤 밑줄 친 부분을 주어진 단어로 바꿔 말해 보세요.

예 あたらしい / バス 새롭다 / 버스

  ➡ <u>あたらしい バス</u>が できて、よかったです。

  새 버스가 생겨서, 잘됐어요.

❶ いい / ひと　　　　　　　좋다 / 사람

❷ おもしろい / ともだち　　재미있다 / 친구

❸ たのもしい / せんぱい　　믿음직하다 / 선배

❹ あいその いい / こうはい　붙임성이 좋다 / 후배

😀 몰랐어요!

'愛想(あいそ)'의 의미는?

- 붙임성　예 愛想(あいそ)の ない 店員(てんいん)だ。 붙임성 없는 점원이야.

- 정나미　예 あいつには 愛想(あいそ)が 尽(つ)きたよ。 저 녀석한테는 정나미가 떨어졌어.

かれしが できると、
いいね。

남친이 생기면, 좋겠네.

'남친이 생겼으면 좋겠다' '하루빨리 취업됐으면 좋겠다'라고 말하는 친구에게 '빨리 좋은
사람이 생기면 좋겠네요' '당신에게 딱 맞는 일이 생기면 좋겠네요'라고 응원해 주세요.
'~이(가) 생기면, 좋겠네'는 '〜が できると、いいね'입니다.

Tip な形容사 '〜だ + な + 명사(~한 명사)'

수진 すずきさんに すてきな かれしが できると、いいですね。
스즈키 씨에게 멋진 남친이 생기면 좋겠네요.

스즈키 わたし、けっこん してますけど。
나 결혼했는데요.

수진 ハハハ! じゃ、わたしにも はやく
すてきな かれしが できると、いいですね。
하하하! 그럼, 나한테도 빨리 멋진 남친이 생기면, 좋겠네요.

すてきだ 멋지다 | かれし 남친('남자 친구'의 준말) | わたし 나, 저 | けっこん 결혼 |
してます 한 상태예요, 했어요 | 〜けど ~인데, ~한데 | じゃ 그럼 | はやく 빨리

· **かれしが できると いいね。** 남친이 생기면 좋겠네.

☺ **반복 횟수 チェック !** ☑☐☐☐☐☐

· **すてきな かれしが できると、いいね。**

멋진 남친이 생기면, 좋겠네.

☺ **반복 횟수 チェック !** ☑☐☐☐☐☐

 밑줄 친 부분을 주어진 단어로 바꿔 말해 보세요.

예 **げんきだ / あかちゃん** 건강하다 / 아기

➡ <u>**げんきな あかちゃん**</u>**が できると、いいですね。**

건강한 아기가 생기면, 좋겠네요.

① **ゆうめいだ / チェーンてん** 유명하다 / 체인점

② **アットホームだ / いざかや** 가정적이다 / 술집

③ **かいてきだ / くうこう** 쾌적하다 / 공항

④ **いろいろだ / サイト** 여러 가지다 / 사이트

😊 **몰랐어요!**

일본어로 '아이' 표현은?

· 赤ん坊(あかんぼう) 갓난아기, 젖먹이, 철부지
· 赤ちゃん(あかちゃん) 갓난아기, 젖먹이 (赤ん坊(あかんぼう)의 친근한 표현)
· 子供(こども) 어린이
· 児童(じどう) 아동

안에 알맞은 표현을 넣어 보세요.

1 무더워졌네요.

　　　　　　　　　　 なりましたね。

2 게임에 푹 빠졌어요.

ゲームに 　　　　　　　　 なりました。

3 설명을 상세히 해 주세요.

せつめいを 　　　　　　　 して ください。

4 밤에는 조용히 해 주세요.

よるは 　　　　　　 して ください。

5 내용물이 좋기 때문에, 좋아해요.

　　　　　　　　　 から、すきです。

6 민폐이기 때문에, 싫어요.

　　　　　　　　 から、いやです。

7 달고 맛있는 과일이에요.

　　　　　　　 おいしい くだものです。

8 안전하고 편리해요.

　　　　　　　 べんりです。

9 귀여운 아기가 생겨서, 잘됐다.

かわいい こどもが 　　　　　、　　　　　　。

10 멋진 남친이 생기면, 좋겠네.

すてきな かれしが 　　　　　、　　　　　　。

---

 1 むしあつく **2** むちゅうに **3** くわしく **4** しずかに **5** なかみが いい **6** めいわくだ
7 あまくて **8** あんぜんで **9** できて / よかった **10** できると / いいね

잘 나가네 / 멋있네 / 좋은데

イケてる

동사 'いく(가다)'의 가능형인 'いける(갈 수 있다)'가 변형되어 'イケる'는 '잘할 수 있다 / 좋은 느낌이다'로 사용해요.

* 응용 표현은?

イケる + 〜てる(현재진행) ➡ イケてる[이케떼루] 잘나가, 멋있어

イケる + メン(영어로 남자 man) ➡ イケメン[이케멘] 잘생긴 사람

イケる + ボイス(영어로 목소리 voice) ➡ イケボ[이케보] 좋은 목소리, 꿀성대

이거, 괜찮은데.	これ、イケる。
저 사람 완전 잘나가.	あの ひと、イケてる。
완전 잘생겼다.	イケメンだね。
완전 꿀성대야.	イケボだね。

Day 31

よく たべますか。

자주 먹어요?

여러분은 평상시에 어떤 음식을 자주 먹나요? '우동은 자주 먹어요. 근데 가끔은 초밥을 먹어요. 그리고, 매주 맥주와 치킨을 먹어요.'라고 말할 수 있다면, 이번 공부는 건너뛰어 도 될 것 같습니다.

'~해요 / ~합니다'는 '〜ます'입니다.

Tip 동사 '〜ます 〈정중형〉 (~해요 / ~할 거예요 / ~하겠어요)'

기무라 うどんは よく たべますか。
우동은 자주 먹어요?

수진 はい、よく たべます。わたしは めんが すきです。
네, 자주 먹어요. 나는 면이 좋아요.

기무라 めんと ごはん、どちらを よく たべますか。
면이랑 밥, 어느 쪽을 더 자주 먹어요?

수진 わたしは めんを おかずに して、
ごはんを たべます。
나는 면을 반찬으로 해서, 밥을 먹는데요.

~~~~~ **오늘의 단어** ~~~~~

うどん 우동 | わたし 나, 저 | めん 면 | 〜が すきです ~이(가) 좋아요, ~을(를) 좋아해요 |
〜と ~와, ~과 | ごはん 밥 | どちら 어느 쪽 | 〜を ~을, ~를 | おかず 반찬 |
〜に して ~(으)로 해서

🔊 **표현을 듣고 반복해서 따라 해 보세요.**

- **うどんは よく たべますか。** 우동은 자주 먹어요?

  ☺ 반복 횟수 チェック！ ☑☐☐☐☐☐

- **インドりょうりは よく たべますか。** 인도 요리는 자주 먹어요?

  ☺ 반복 횟수 チェック！ ☑☐☐☐☐☐

🎙 **밑줄 친 부분을 주어진 단어로 바꿔 말해 보세요.**

예 **ともだち / あいます** 친구 / 만나요

  → **ともだちは よく あいますか。** 친구는 자주 만나요?

1 タクシー / のります　　　택시 / 타요

2 おさけ / のみます　　　술 / 마셔요

3 えいが / みます　　　영화 / 봐요

4 かいしゃに / ちこくします　회사에 / 지각해요

😀 **몰랐어요!**

긍정형과 함께하는 '빈도수' 표현은?

- 毎日 매일　　　　　　　　　　・ 毎週 매주
- 毎月 매달　　　　　　　　　　・ 毎年 매년
- いつも 언제나　　　　　　　　・ しょっちゅう 늘, 언제나
- よく 자주　　　　　　　　　　・ しばしば 흔히, 종종
- 時々 때때로, 종종　　　　　　・ たまに 가끔

Day 32

えいがを みます。

영화를 볼 거예요.

일본어에는 '~할 거예요'라는 미래형이 따로 없습니다. 미래의 일을 나타낼 때도 'ます형'을 사용합니다. 또, '~하겠어요'라는 가벼운 의지형도 '〜ます'형을 사용합니다.

Tip 동사 '〜ます 〈정중형〉(~해요 / ~할 거예요 / ~하겠어요)'

수진 きょうは なにを しますか。
오늘은 뭐 할 거예요?

요시다 こいびとと えいがかんで この えいがを みます。
애인과 영화관에서 이 영화를 볼 거예요.

수진 わたしも だいすきな えいがです。わたしも いきます。
나도 굉장히 좋아하는 영화예요. 나도 갈게요.

요시다 えーっ、きょうは はつデートなんです。
네~? 오늘은 첫 데이트예요.

오늘의 단어

きょう 오늘 | なにを 무엇을, 뭘 | します 해요, 할 거예요, 하겠어요 | こいびと 애인 | 〜と ~와, ~과 |
えいがかん 영화관 | 〜で ~에서 | この えいが 이 영화 | 〜を ~을, ~를 |
みます 봐요, 볼 거예요, 보겠어요 | わたし 나, 저 | 〜も ~도 | だいすきな 굉장히 좋아하는 |
いきます 가요, 갈 거예요, 가겠어요 | はつデート 첫 데이트 | 〜なんです ~예요(강조 표현)

🔊 **표현을 듣고 반복해서 따라 해 보세요.**

• **えいがを みます。** 영화를 볼 거예요.
  ☺ **반복 횟수 チェック!** ☑☐☐☐☐☐

• **えいがかんで えいがを みます。** 영화관에서 영화를 볼 거예요.
  ☺ **반복 횟수 チェック!** ☑☐☐☐☐☐

🎤 **밑줄 친 부분을 주어진 단어로 바꿔 말해 보세요.**

[예] **カフェ / コーヒー / のみます** 카페 / 커피 / 마셔요

➜ **<u>カフェ</u>で <u>コーヒー</u>を <u>のみます</u>。**

  <u>카페</u>에서 <u>커피</u>를 <u>마실</u> 거예요.

① **としょかん / べんきょう / します** 도서관 / 공부 / 해요

② **かいしゃ / メール / おくります** 회사 / 메일 / 보내요

③ **こうえん / ほん / よみます** 공원 / 책 / 읽어요

④ **にほん / すし / たべます** 일본 / 초밥 / 먹어요

😜 **몰랐어요!**

다양한 '～館(かん)' 표현은?

• 映画館(えいがかん) 영화관
• 美術館(びじゅつかん) 미술관
• 旅館(りょかん) 일본 전통 여관
• 新館(しんかん) 신관
• 公民館(こうみんかん) (시, 구 등에서 운영하는) 문화센터

• 図書館(としょかん) 도서관
• 博物館(はくぶつかん) 박물관
• 本館(ほんかん) 본관
• 別館(べっかん) 별관

ふくは あまり かいません。

옷은 잘 안 사요.

여러분은 옷을 자주 사는 편인가요? 아니면 잘 안 사는 편인가요? '자주(잘) 사요'라는 표현은 앞에서 공부했습니다. 단, '자주(잘)'에 해당하는 'よく'는 긍정형 문장에서 주로 사용합니다. 부정형 문장에서는 'あまり'를 많이 사용하므로 주의해 주세요.
'잘 안 ~해요 / 잘 ~하지 않아요'는 'あまり 〜ません'입니다.

Tip 〔동사〕 '〜ます 〈정중형〉(~해요 / ~할 거예요 / ~하겠어요)'

수진 この みせは あまり いきません。
이 가게는 잘 안 가요.

모리 どうしてですか。たかいですか。
왜요? 비싼가요?

수진 わたし、ふくは あまり かいません。
나, 옷은 잘 안 사요.

それで あまり いきません。
그래서 잘 안 가요.

모리 なるほど。
아! 그렇구나.

오늘의 단어

この みせ 이 가게 | あまり 그다지, 잘(부정형에서만) | いきます 가요, 갈 거예요, 가겠어요 |
どうして 왜, 어째서 | たかい 비싸다 | わたし 나, 저 | ふく 옷 |
かいます 사요, 살 거예요, 사겠어요 | それで 그래서 | なるほど 역시, 과연, (듣고 보니 정말) 그렇다

🔊 표현을 듣고 반복해서 따라 해 보세요.

- **ふくは あまり かいません。** 옷은 잘 안 사요.

  😊 반복 횟수 チェック！ ☑️⬜⬜⬜⬜⬜

- **スニーカーは めったに かいません。**

  운동화는 웬만해서 안 사요.

  😊 반복 횟수 チェック！ ☑️⬜⬜⬜⬜⬜

🎤 밑줄 친 부분을 주어진 단어로 바꿔 말해 보세요.

예 **うた / ぜんぜん / うたいます** 노래 / 전혀 / 불러요

➡️ **うたは ぜんぜん うたいません。** 노래는 전혀 안 불러요.

① **しんぶん / ぜんぜん / よみます**   신문 / 전혀 / 읽어요

② **かぜ / あまり / ひきます**   감기 / 잘 / 걸려요

③ **りょうり / ほとんど / つくります**   요리 / 거의 / 만들어요

④ **パソコン / めったに / つかいます**   컴퓨터 / 웬만해서 / 사용해요

😀 **몰랐어요!**

부정형과 함께 하는 '빈도수' 표현은?

- **あまり** 그다지, 잘
- **ほとんど** 거의
- **めったに** 좀처럼, 웬만해서
- **全然** 전혀

Day 34

デパートでは かいません。

백화점에서는 안 사요.

인터넷이 발달하면서, 소비패턴이 많이 달라졌습니다. 옛날에는 시간 날 때, 백화점을 돌아다녔다면, 요즘은 인터넷 검색을 많이 하게 되었습니다. '백화점에서는 안 사요. 인터넷에서 사요.'라는 문장을 만들어 볼까요?

'~에서는 안 ~해요 / ~에서는 ~하지 않아요'는 '～では ～ません'입니다.

Tip 동사 '～ます〈정중형〉(~해요 / ~할 거예요 / ~하겠어요)'

수진 スーパーで ゆうしょくの かいものを しますか。
마트에서 저녁 장 볼 거예요?

다나카 いいえ、スーパーでは かいません。ネットで かいます。
아니요. 마트에서는 안 살 거예요. 인터넷에서 살 거예요.

수진 ほんとうに べんりな よの なかに なりましたね。
정말 편리한 세상이 되었네요.

오늘의 단어

スーパー 슈퍼마켓, 마트 | ゆうしょく 저녁 식사, 저녁밥 | かいもの 장보기, 쇼핑 | ～を ~을, ~를 |
します 해요, 할 거예요, 하겠어요 | いいえ 아니요 | かいます 사요, 살 거예요, 사겠어요 |
ネット 인터넷(インターネット 줄임말) | ほんとうに 정말로 | べんりな 편리한 | よの なか 세상 |
～に なりましたね ~이(가) 되었네요

84 파고다 5분톡 일본어회화: 패턴별 2

🔊 표현을 듣고 반복해서 따라 해 보세요.

- **デパートでは かいません。** 백화점에서는 안 사요.

  ☺ **반복 횟수 チェック！** ☑ ☐ ☐ ☐ ☐ ☐

- **かいものを デパートでは しません。**

  쇼핑을 백화점에서는 안 해요.

  ☺ **반복 횟수 チェック！** ☑ ☐ ☐ ☐ ☐ ☐

🎤 밑줄 친 부분을 주어진 단어로 바꿔 말해 보세요.

예 **りょうり / いえ / つくります** 요리 / 집 / 만들어요

  ➡ **りょうりを いえでは つくりません。**

  요리를 집에서는 안 만들어요.

① **おんがく / いえ / ききます**   음악 / 집 / 들어요

② **うた / カラオケ / うたいます**   노래 / 노래방 / 불러요

③ **あだな / せんせいの まえ / よびます**   별명 / 선생님 앞 / 불러요

④ **もんく / ひとの まえ / いいます**   불만 / 남(들) 앞 / 말해요

😜 **몰랐어요!**

'**ひと**'의 의미는?

- 사람   예 あの 人が 好きです。저 사람이 좋아요.
- 남   예 人の 前では 言いません。남 앞에서는 말 안 할게요.
- 인품   예 人が いいです。사람(인품) 좋아요.

Day 35

きのうは およぎました。

어제는 수영했어요.

'어제 뭐 했나요?'라는 상대의 질문에, 여러분은 바로바로 대답이 나오나요? 저는 대답이 바로바로 안 나와서 상대가 지칠 때까지 '어~ 어~'만 합니다. 저와 같은 증상이면, 오늘은 공부하기 전에 머리에 좋은 등 푸른 생선을 먹고 시작하세요.

장소의 조사 '~에서'는 '〜で'이며, '어제는 ~했어요'는 'きのうは 〜ました'입니다.

Tip 〔동사〕 '〜ます 〈정중형〉 (~해요 / ~할 거예요 / ~하겠어요)'

나카지마 きのうは なにを しましたか。
어제는 뭐 했어요?

수진 きのうは およぎました。
어제는 수영했어요.

나카지마 まだ いちがつですから プールで しましたか。
아직 1월이니까 수영장에서 했나요?

수진 いいえ、うみで しました。ハクション!
아니요. 바다에서 했어요. 에취!

오늘의 단어

きのう 어제 | なにを 무엇을, 뭘 | します 해요, 할 거예요, 하겠어요 |
およぎます 수영해요, 수영할 거예요, 수영하겠어요 | まだ 아직 | いちがつ 1월 |
〜から ~이니까, ~이기 때문에 | プール 수영장 | うみ 바다 | ハクション 에취(재채기 소리)

🔊 표현을 듣고 반복해서 따라 해 보세요.

- **きのうは およぎました。** 어제는 수영했어요.

  ☺ 반복 횟수 チェック！ ☑☐☐☐☐☐

- **きのうは プールで およぎました。**

  어제는 수영장에서 수영했어요.

  ☺ 반복 횟수 チェック！ ☑☐☐☐☐☐

 밑줄 친 부분을 주어진 단어로 바꿔 말해 보세요.

예 **みち / もとカレに あいます** 길 / 전 남친을 만나요

➡ **みちで もとカレに あいました。**

길에서 전 남친을 만났어요.

① **ともだちの いえ / あそびます** 친구 집 / 놀아요

② **こうえん / はしります** 공원 / 달려요

③ **ジム / うんどうを します** 헬스장 / 운동을 해요

④ **ネット / かぐを うります** 인터넷 / 가구를 팔아요

😛 **몰랐어요!**

특별 조사와 함께하는 '동사' 표현은?

- ~을(를) 만나요 ～を あいます (×) ～に あいます (○)
- ~을(를) 타요 ～を のります (×) ～に のります (○)
- ~을(를) 가요 ～を いきます (×) ～に いきます (○)

まつりに いきました。

축제에 갔어요.

일본은 まつり(축제)가 참 많습니다. 지역마다 계절마다 고유의 특색 있는 축제를 볼 수 있습니다. 일본에서의 특별한 추억을 만들고 싶다면, 축제 일정에 맞춰 여행 계획을 짜보는 것도 좋은 방법인 것 같습니다.
장소의 조사 '~에'는 '〜に'이며, '~했어요'는 '〜ました'입니다.

Tip 〔동사〕 '〜ます 〈정중형〉 (~해요 / ~할 거예요 / ~하겠어요)'

수진 はじめて まつりに いきました。
처음으로 축제에 갔어요.

다나카 だれと いきましたか。
누구와 갔어요?

수진 みんなで いきました。ほんとうに べっせかいでした。
모두 같이 갔어요. 정말로 다른 세상이었어요.

다나카 べっせかいに いってきましたね。
다른 세상에 갔다가 왔네요.

おかえりなさい！
안녕히 다녀오셨어요!

오늘의 단어

はじめて 처음으로 ｜ まつり 축제 ｜ いきます 가요, 갈 거예요, 가겠어요 ｜ だれと 누구와 ｜
みんなで 모두 같이 ｜ ほんとうに 정말로 ｜ べっせかい 별세계(다른 세상) ｜ 〜でした ~였어요 ｜
いってきます 갔다옵니다 ｜ おかえりなさい 안녕히 다녀오셨어요(귀가 인사)

- **まつりに いきました。** 축제에 갔어요.
  😊 반복 횟수 チェック！ ☑☐☐☐☐☐

- **みんなで まつりに いきました。** 모두 같이 축제에 갔어요.
  😊 반복 횟수 チェック！ ☑☐☐☐☐☐

🎤 밑줄 친 부분을 주어진 단어로 바꿔 말해 보세요.

(예) **かぞく / おんせん / はいります** 가족 / 온천 / 들어가요

→ <u>かぞくと</u> <u>おんせんに</u> <u>はいりました</u>。

　　가족과 온천에 들어갔어요.

1 あに / いえ / ずっと います　　　형, 오빠 / 집 / 계속 있어요

2 いもうと / じもと / かえります　　여동생 / 고향 / 돌아가요

3 こうはい / がっこう / もどります　후배 / 학교 / 되돌아가요

4 ともだち / べっせかい / きます　　친구 / 다른(모르는) 세상 / 와요

😎 **몰랐어요!**

일본어로 '돌아가요' 표현은?
- 帰^{かえ}ります 자신의 집 · 고국으로 돌아가요
- 戻^{もど}ります 이전의 위치로 되돌아가요

むかしは
たべませんでした。

옛날에는 안 먹었어요.

여러분은 어렸을 때 어떤 아이였나요? 채소를 먹지 않았나요? 이를 잘 닦지 않거나 세수를 잘 하지 않는 어린이였나요? 숙제와 일기 쓰기는 성실히 하는 아이였나요?
'옛날에는 안 ~했어요(하지 않았어요)'는 'むかしは ～ませんでした'입니다.

Tip 동사 '～ます〈정중형〉(~해요 / ~할 거예요 / ~하겠어요)'

기무라 こどもの ときは やさいを ちゃんと たべましたか。
어렸을 때 채소는 잘 먹었나요?

수진 ほかの やさいは ちゃんと たべましたけど、
なすだけは たべませんでした。
다른 채소는 잘 먹었는데, 가지만큼은 안 먹었어요.

기무라 いまも なすを たべませんか。
지금도 가지를 안 먹나요?

수진 いまは たべますけど、すきじゃ ないです。
지금은 먹기는 하지만, 좋아하지 않아요.

오늘의 단어

こどもの とき 어렸을 때 ㅣ やさい 채소 ㅣ ちゃんと 제대로, 잘 ㅣ
たべます 먹어요, 먹을 거예요, 먹겠어요 ㅣ ほかの 다른 ㅣ ～けど ~지만, ~인데 ㅣ なす 가지(채소 이름) ㅣ
～だけは ~만은, ~만큼은 ㅣ いま 지금 ㅣ ～も ~도 ㅣ すきじゃ ないです 좋아하지 않아요

🔊 **표현을 듣고 반복해서 따라 해 보세요.**

• **やさいを たべませんでした。** 채소를 안 먹었어요.

☺반복 횟수 チェック！ ☑☐☐☐☐☐

• **こどもの ときは、やさいを たべませんでした。**

어렸을 때는, 채소를 안 먹었어요.

☺반복 횟수 チェック！ ☑☐☐☐☐☐

🎤 **밑줄 친 부분을 주어진 단어로 바꿔 말해 보세요.**

예 **ぎゅうにゅう / のみます** 우유 / 마셔요

➡ **むかしは ぎゅうにゅうを のみませんでした。**

옛날에는 우유를 안 마셨어요.

① **しゅくだい / します** 숙제 / 해요

② **は / みがきます** 이 / 닦아요

③ **かお / あらいます** 얼굴 / 씻어요

④ **にっき / かきます** 일기 / 써요

 몰랐어요!

일본어로 '채소' 표현은?

• ゴーヤー 고야 (오키나와 지역의 채소)　　　• じゃがいも 감자
• にんじん 당근　　• なす 가지　　• しゅんぎく 쑥갓
• ピーマン 피망　　• セロリ 샐러리　　• とうがらし 고추
• たまねぎ 양파　　• ねぎ 파　　• ほうれんそう 시금치
• にんにく 마늘　　• にら 부추　　• ズッキーニ 애호박

まどを あけませんでした。

창문을 안 열었어요.

요즘은 미세먼지나 나쁜 날씨 탓에 창문을 활짝 열고 환기를 시킬 수 있는 날이 점점 줄어들고 있습니다.
'~해서, 안 ~했어요(하지 않았어요)'는 '～くて、～ませんでした'입니다.

Tip い형용사 '～い + くて (~하고 / ~해서)'

동사 '～ます 〈정중형〉 (~해요 / ~할 거예요 / ~하겠어요)'

수진 さむくて まどを あけませんでしたか。
추워서 창문을 안 열었어요?

다나카 いいえ、ピーエム に てん ごの せいで、めが いたくて。
아니요. 미세먼지 탓에, 눈이 아파서.

오늘의 단어

さむい 춥다 ┃ まど 창문 ┃ あけます 열어요, 열 거예요, 열겠어요 ┃ いいえ 아니요 ┃
PM2.5[ピーエム に てん ご] 미세먼지 ┃ ～の せいで ~의 탓에, ~때문에 ┃ めが いたい 눈이 아프다

🔊 표현을 듣고 반복해서 따라 해 보세요.

• **きのうは まどを あけませんでした。** 어제는 창문을 안 열었어요.

😊 **반복 횟수 チェック！** ☑☐☐☐☐☐

• **きのうは さむくて、まどを あけませんでした。**

어제는 추워서, 창문을 안 열었어요.

😊 **반복 횟수 チェック！** ☑☐☐☐☐☐

🎤 밑줄 친 부분을 주어진 단어로 바꿔 말해 보세요.

예 **あつい / まどを しめます** 덥다 / 창문을 닫아요

➡ **きのうは あつくて、まどを しめませんでした。**

어제는 더워서, 창문을 안 닫았어요.

① **おかねが ない / あそびます** 돈이 없다 / 놀아요

② **いそがしい / まちます** 바쁘다 / 기다려요

③ **めが いたい / ゲームを します** 눈이 아프다 / 게임을 해요

④ **てんきが わるい / ひっこします** 날씨가 나쁘다 / 이사해요

😃 **몰랐어요!**

일본어로 '먼지' 표현은?

• **ほこり** 먼지

• **PM2.5** [피에무 니 텡 고] 미세먼지

• **PM0.1** [피에무 레이 텡 이치] 초 미세먼지

がんばりましょう。

(우리) 힘내요. / 열심히 해요.

혼자보다는 누군가와 함께 할 때, 더 힘이 날 때도 있어요. 예를 들어 다이어트는 의지가 약한 저에게는 참 힘든 일이에요. 이럴 때, 친구와 함께하면 운동도 야식도 참을 수 있어요. '(우리) ~해요 / ~합시다'는 '〜ましょう'입니다.

Tip 동사 '〜ます〈정중형〉(~해요 / ~할 거예요 / ~하겠어요)'

모리 いっしょに ダイエット やりましょう。
우리 같이 다이어트 해요.

수진 じゃ、いっしょに はしりましょうか。
그럼 같이 달릴까요?

모리 わたしは しょくじせいげんだけで いいです。
저는 식이요법만 할래요.

수진 じゃ、おたがい がんばりましょう。
그럼, 우리 서로 열심히 해요.

오늘의 단어

いっしょに 같이, 함께 | ダイエット 다이어트 | やります 해요, 할 거예요, 하겠어요 | じゃ 그럼 |
はしります 달려요, 달릴 거예요, 달리겠어요 | わたし 나, 저 | しょくじせいげん 식이요법 |
〜だけで いいです ~만으로 괜찮아요 | おたがい 서로, 각자 | がんばります 열심히 해요, 힘내요

표현을 듣고 반복해서 따라 해 보세요.

- **いっしょに がんばりましょう。** (우리) 같이 힘내요.

  ☺ **반복 횟수 チェック！** ☑☐☐☐☐☐

- **おたがい がんばりましょう。** (우리) 서로 힘내요.

  ☺ **반복 횟수 チェック！** ☑☐☐☐☐☐

🎤 **밑줄 친 부분을 주어진 단어로 바꿔 말해 보세요.**

예 **ダイエット やります** 다이어트 해요

➡ **いっしょに ダイエット やりましょう。**

(우리) 같이 다이어트 해요.

① **はしります** 달려요

② **あるきます** 걸어요

③ **がまん します** 참아요

④ **うんどう やります** 운동 해요

😋 **몰랐어요!**

일본어로 '해요' 표현은?

- **します** 회화체, 문어체 둘 다 사용 / 의지, 무의지 둘 다 사용
- **やります** 회화체 표현 / 무의지(생리 현상 등)에는 사용할 수 없음

  예 하품을 해요. ➡ 무의지(생리 현상)

  あくびを します。(○)   **あくびを やります。(×)**

  예 다이어트 해요. ➡ 의지

  ダイエット します。(○)   **ダイエット やります。(○)**

かんがえましょうか。

(우리) 생각해 볼까요? / (당신을 위해) 생각해 볼까요?

내가 힘들어할 때 다가와 '우리 함께 해결책을 생각해 볼까요?'라고 말해 주는 사람. 여러분에게는 그런 사람이 있나요? '함께 할까요?'의 한마디가 상대에게는 든든한 응원이 될 수 있습니다.
'(우리) ~할까요?'는 '～ましょうか'입니다. '～ましょうか'는 '함께 같은 행위를 ~합시다'의 의미도 있지만, '당신을 위해 내가 ~할까요?'의 의미로도 많이 사용됩니다.

Tip 동사 '～ます 〈정중형〉 (~해요 / ~할 거예요 / ~하겠어요)'

나카지마 なにか もちましょうか。
뭔가 들어드릴까요?

수진 じゃ、すみませんが、にもつを ちょっと。
그럼, 죄송하지만, 짐을 좀.

나카지마 どの にもつを もちましょうか。
어느 짐을 들어드릴까요?

수진 わたしの こころの にもつを ちょっと…。
내 마음의 짐을 좀….

오늘의 단어

なにか 뭔가 | もちます 들어요, 들 거예요, 들겠어요 | じゃ 그럼 | すみませんが 죄송하지만 |
にもつ 짐 | ちょっと 좀, 조금 | どの 어느 | こころ 마음

표현을 듣고 반복해서 따라 해 보세요.

- **いっしょに かんがえましょうか。** (우리) 함께 생각해 볼까요?
  ☺반복 횟수 チェック！☑☐☐☐☐☐

- **いっしょに のりこえましょうか。** (우리) 함께 극복해 볼까요?
  ☺반복 횟수 チェック！☑☐☐☐☐☐

🎙 밑줄 친 부분을 주어진 단어로 바꿔 말해 보세요.

예 **にもつ / もちます** 짐 / 들어요

➡ <u>**にもつ**</u> <u>**もち**</u>ましょうか。 짐 (같이) 들까요? / 짐 들어드릴까요?

① **なにか / もちます** 뭔가 / 들어요

② **おしごと / てつだいます** 일 / 도와요

③ **なにか / てつだいます** 뭔가 / 도와요

④ **いま / むかえに いきます** 지금 / 데리러 가요

😵 **몰랐어요!**

일본어로 '생각해요' 표현은?
- 思^{おも}います (감정적 / 마음으로)
- 考^{かんが}えます (지적, 분석적 / 머리로)

  예 항상 아들을 <u>생각하면</u> 마음이 아파요. ➡ 思^{おも}います

  이 문제의 해결 방법을 <u>생각해 봐요.</u> ➡ 考^{かんが}えます

  난 이 이야기가 재미있다고 <u>생각해요.</u> ➡ 思^{おも}います

  일본의 미래에 대해 <u>생각해 봐요.</u> ➡ 考^{かんが}えます

안에 알맞은 표현을 넣어 보세요.

1 친구는 자주 <u>만나요</u>?
ともだちは よく　　　　　　　か。

2 카페<u>에서</u> 커피<u>를</u> 마실 거예요.
カフェ　　　コーヒー　　　のみます。

3 옷은 <u>잘</u> 안 사요.
ふくは　　　　　　かいません。

4 요리<u>를</u> 집에서<u>는</u> 안 만들어요.
りょうり　　　いえ　　　　つくりません。

5 어제는 수영장에서 <u>수영했어요</u>.
きのうは プールで　　　　　　　　　　　。

6 <u>모두 같이</u> 축제에 <u>갔어요</u>.
　　　　　　　　　　まつりに　　　　　　　　　　　。

7 <u>어렸을 때</u>는, 채소를 안 <u>먹었어요</u>.
　　　　　　　　　　　　　は、やさいを　　　　　　　　　。

8 어제는 <u>추워서</u>, 창문을 <u>안 열었어요</u>.
きのうは　　　　　　　　、まどを　　　　　　　　　　　。

9 (우리) 서로 <u>힘내요</u>.
おたがい　　　　　　　　　　。

10 함께 <u>극복해 볼까요?</u>
いっしょに　　　　　　　　　　　　　　　。

전 남친

元カレ
もと

'元(원래, 옛날)'와 'かれし(남자 친구)'가 합쳐져, '元カ레'는 '전 남친'을 말해요.

* 응용 표현은?

元 + かのじょ(여자 친구) ➡ 元カノ[모토 카노] 전 여친

元 + 旦那 (남편) ➡ 元ダンナ[모토 단나] 전 남편

元 + 妻 (부인, 아내) ➡ 元つま[모토 쯔마] 전 부인

A 어제 전 부인과 길에서 딱 마주쳤어.

きのう、もとつまと みちで ばったり あったよ。

B 깜짝 놀랐겠네.

それは びっくりだよね。

Day 41

いま、なにが したいですか。

지금, 뭐가 하고 싶어요?

여러분은 지금 뭐가 가장 하고 싶나요? '계절이 바뀔 때마다 옆구리가 시려요.' '사랑이 하고 싶어요.'라는 분들 많이 봤는데요. 일본어로는 어떻게 말하면 될까요? 'あいしてる(사랑해)'는 많이 들어보셨을 겁니다. 하지만 '사랑하고 싶어요'는 'あい したいです'라고 하지 않습니다. 'こい したいです'라고 해야 합니다.
'~하고 싶어요?'는 '〜ます + たいですか'입니다.

Tip (동사) '〜ます 〈정중형〉(~해요 / ~할 거예요 / ~하겠어요)'

야마다 いま なにが したいですか。
지금, 뭐가 하고 싶어요?

수진 いまは こいが したいです。
지금은 사랑이 하고 싶어요.

ひとの めを きに せずに、デート したいです。
남의 눈 신경 안 쓰고, 데이트하고 싶어요.

야마다 それは バカップルです。
그건 바보커플인데요.

오늘의 단어

いま 지금 | なにが 무엇이, 뭐가 | します 해요, 할 거예요, 하겠어요 | こい 사랑 |
ひとの め 남의 눈, 이목 | きに せずに 신경 안 쓰고 | デート 데이트 | それは 그건, 그것은 |
バカップル 바보커플(공공장소에서 주위를 신경 쓰지 않는 닭살 커플)

표현을 듣고 반복해서 따라 해 보세요.

- **いま、なにが したいですか。** 지금, 뭐가 하고 싶어요?
  ☺반복 횟수 チェック！☑⬜⬜⬜⬜⬜

- **いま、なにが たべたいですか。** 지금, 뭐가 먹고 싶어요?
  ☺반복 횟수 チェック！☑⬜⬜⬜⬜⬜

🎙 밑줄 친 부분을 주어진 단어로 바꿔 말해 보세요.

예 **どこに / いきます** 어디에 / 가요

→ **どこに いきたいですか。** 어디에 가고 싶어요?

① **なんじかん / ねます** 몇 시간 / 자요

② **いつ / やすみます** 언제 / 쉬어요

③ **だれと / デート します** 누구와 / 데이트해요

④ **どんな かいしゃに / はいります** 어떤 회사에 / 들어가요

😃 **몰랐어요!**

일본어로 '사랑하고 싶어요' 표현은?
- 恋（こい）したいです。 사랑하고 싶어요.
- 恋（こい）に 落（お）ちたいです。 사랑에 빠지고 싶어요.

ほんとうに したいんですが。

정말로 하고 싶은데요….

일본에서는 거절 표현의 경우, 말끝을 흐리는 것이 일반적입니다. 많이 사용하는 거절 표현 중 하나가, '정말 같이 하고 싶은데…'입니다. '오늘은 힘들 것 같아요'가 생략된 표현이지요. '~하고 싶은데요… / ~하고 싶지만…'은 '〜ます + たいんですが'입니다. 여기서 '〜んです'는 '〜です'의 강조 표현입니다.

Tip 　동사　'〜ます〈정중형〉(~해요 / ~할 거예요 / ~하겠어요)'

사토 **きょう いっしょに ゲームセンターに いきましょうか。**
오늘 같이 오락실에 갈까요?

수진 **ほんとうに いきたいんですが。**
정말로 가고 싶은데요….

사토 **なにか よていでも ありますか。**
뭔가 스케줄이라도 있나요?

수진 **きょうは ジムの にゅうかい てつづきが
したいんです。**
오늘은 헬스장 등록을 하고 싶어요.

오늘의 단어

きょう 오늘 | **いっしょに** 함께, 같이 | **ゲームセンター** 게임센터, 오락실 |
いきます 가요, 갈 거예요, 가겠어요 | **ほんとうに** 정말로 | **なにか** 뭔가 | **よてい** 예정, 스케줄 |
〜でも ~이라도 | **ありますか** 있나요? | **ジム** 헬스장 | **にゅうかい てつづき** 입회 수속, 회원등록 |
します 해요, 할 거예요, 하겠어요

🔊 **표현을 듣고 반복해서 따라 해 보세요.**

- **ほんとうに したいんですが。** 정말로 하고 싶은데요….

  ☺반복 횟수 チェック！ ☑☐☐☐☐☐

- **ほんとうに いきたいんですが。** 정말로 가고 싶은데요….

  ☺반복 횟수 チェック！ ☑☐☐☐☐☐

🎤 **밑줄 친 부분을 주어진 단어로 바꿔 말해 보세요.**

예 わたしも / おうえんを します 나도 / 응원을 해요

➡ <u>わたしも おうえんを</u> したいんですが。

   나도 응원을 하고 싶은데요….

❶ にんきの / みせを しらべます   인기 있는 / 가게를 찾아봐요

❷ きょう / にゅうかいを します   오늘 / 회원등록을 해요

❸ ほんとうに / てつだいます   정말로 / 도와요

❹ はやく / きもちを つたえます   빨리 / 마음을 전해요

😀 **몰랐어요!**

일본어로 '거절' 표현은?

예 すみません。今日は ちょっと。
죄송해요. 오늘은 좀.

本当に 楽しそうですが、今日 先約が。
정말로 즐거울 것 같은데, 오늘은 선약이….

本当に おいしそうですが、今日 他の 約束が。
정말로 맛있을 것 같은데, 오늘 다른 약속이….

Day 43

あめが ふりはじめました。

비가 내리기 시작했어요.

꽃이 피기 시작하면 봄을 알립니다. 장마가 시작되면 긴 여름을 알립니다. 나뭇잎이 나무에서 떨어지기 시작하면 내 몸무게는 늘기 시작합니다. 먹는 양이 늘기 때문이죠.
'~하기 시작했어요'는 '〜ます + はじめました'입니다.

Tip 〔동사〕 '〜ます 〈정중형〉 (~해요 / ~할 거예요 / ~하겠어요)'

모리 もう このはが おちはじめました。
이제 나뭇잎이 떨어지기 시작했어요.

수진 あきさめも ふりはじめました。
가을비도 내리기 시작했어요.

모리 じゃ、わたしたちも なべりょうりの みせに
かよいはじめましょう。
그럼, 우리도 전골 요리 가게에 다니기 시작해야죠.

오늘의 단어

もう 이제 | このは 나뭇잎 | おちます 떨어져요, 떨어질 거예요 | あきさめ 가을비 |
ふります 내려요, 내릴 거예요 | じゃ 그럼 | わたしたち 우리 | なべりょうりの みせ 전골 요리 가게 |
かよいます 다녀요, 다닐 거예요, 다니겠어요 | 〜ましょう (우리) ~해요

표현을 듣고 반복해서 따라 해 보세요.

- **あめが ふりはじめました。** 비가 내리기 시작했어요.

  ☺ 반복 횟수 チェック！☑☐☐☐☐☐

- **ゆきが ふりはじめました。** 눈이 내리기 시작했어요.

  ☺ 반복 횟수 チェック！☑☐☐☐☐☐

🎤 밑줄 친 부분을 주어진 단어로 바꿔 말해 보세요.

예 **かぜ / ふきます** 바람 / 불어요

➡ **かぜが ふきはじめました。** 바람이 불기 시작했어요.

❶ **アラーム / なります** 알람 / 울려요

❷ **たいじゅう / ふえます** 체중 / 늘어요

❸ **はな / さきます** 꽃 / 펴요

❹ **このは / おちます** 나뭇잎 / 떨어져요

😊 **몰랐어요!**

일본어로 '~하기 시작했어요'의 다른 표현은?

- **~始めました** (어느 정도 예상대로) ~하기 시작했어요
- **~出しました** (예상외로 갑자기) ~하기 시작했어요

  예 일기예보대로, 저녁부터 비가 내리기 시작했어요. ➡ **降り始めました**

  예 아침에는 맑았는데, 갑자기 비가 내리기 시작했어요. ➡ **降り出しました**

ほぼ かきおわりました。

거의 다 썼어요.

'다 했어요! 다 먹었어요!'라는 문장을 일본어로 만들어 보라고 하면 대부분의 학생들은 'ぜんぶ しました(전부 했어요)'라고 표현합니다. 물론 틀린 표현은 아니지만, 좀 더 고급스러운 표현을 만들어 볼까요.

'다 ~했어요 / ~하는 것이 끝났어요'는 '～ます + おわりました'입니다.

Tip 〔동사〕 '～ます 〈정중형〉 (~해요 / ~할 거예요 / ~하겠어요)'

다나카 この まんが ほんとうに おもしろいですね。
　　　이 만화 정말 재미있어요.

수진 さいしゅうわまで よみおわりましたか。
　　　최종화까지 다 읽었어요?

다나카 いいえ、でも ほぼ よみおわりました。
　　　아니요, 근데 거의 다 읽었어요.

수진 さいごは よそうがいの けつまつでしたよ。
　　　마지막은 예상 밖의 결말이었어요.

〜〜〜 **오늘의 단어** 〜〜〜〜〜〜〜〜〜〜〜〜〜〜〜〜〜〜〜〜〜〜〜〜〜〜〜〜〜〜〜

この まんが 이 만화 | ほんとうに 정말로 | おもしろい 재미있다 | さいしゅうわ 최종화 |
〜まで ~까지 | よみます 읽어요, 읽을 거예요, 읽겠어요 | いいえ 아니요 | でも 근데, 하지만 |
ほぼ 거의 | さいご 마지막 | よそうがい 예상 밖, 예상외 | けつまつ 결말

표현을 듣고 반복해서 따라 해 보세요.

- **ほぼ かきおわりました。** 거의 다 썼어요.

  😊 반복 횟수 チェック！ ☑☐☐☐☐☐

- **ぶじに かきおわりました。** 무사히 쓰는 것이 끝났어요.

  😊 반복 횟수 チェック！ ☑☐☐☐☐☐

🎙 밑줄 친 부분을 주어진 단어로 바꿔 말해 보세요.

> (예) **さいしゅうわまで / よみます** 최종화까지 / 읽어요
>
> ➡ <u>**さいしゅうわまで**</u> **よみおわりました。**
>
>   <u>최종화까지</u> 다 <u>읽었어요.</u>

① あっというまに / よみます　눈 깜짝할 사이에 / 읽어요

② いま / うたいます　지금 / 노래해요

③ ちょうど / はなします　딱(마침) / 이야기해요

④ すぐに / つくります　바로(금방) / 만들어요

 몰랐어요!

일본어로 '최종화' 표현은?
- 最終話 최종화 ＝ 最終回 최종회

わかりやすい タイプです。

알기 쉬운 성격이에요.

여러분은 감정이 얼굴에 바로 나타나는 타입인가요? 아니면, 얼굴에 감정이 전혀 드러나지 않는 포커페이스인가요? 얼굴에 희로애락이 모두 드러나는 그런 성격을 '알기 쉬운 성격'이라고 하지요.

'~하기 쉽다 / ~하기 편하다'는 '〜~~ます~~ + やすい'입니다.

Tip 동사 '〜ます 〈정중형〉 (~해요 / ~할 거예요 / ~하겠어요)'

야마다 スジンさんって ほんとうに わかりやすい タイプです。
수진 씨는 정말로 알기 쉬운 성격이에요.

수진 そうですか。
그래요?

야마다 なにを かんがえて いるかが
すべて かおに かいて あります。
뭘 생각하고 있는지가 전부 얼굴에 쓰여 있어요.

수진 わたしって ばれやすい タイプですね。
나는 들키기 쉬운 성격이네요.

오늘의 단어

〜って ~은, ~는(회화 표현) | ほんとうに 정말로 | わかります 알아요 | そうです 그래요 |
なにを 무엇을, 뭘 | かんがえて いるか 생각하고 있는지 | すべて 모두, 전부 |
かおに かいて あります 얼굴에 쓰여 있어요 | ばれます 들켜요, 들킬 거예요 | タイプ 타입, 성격

🔊 표현을 듣고 반복해서 따라 해 보세요.

- **わかりやすい タイプです。** 알기 쉬운 성격이에요.

  ☺ 반복 횟수 チェック！ ☑☐☐☐☐☐

- **わかりやすい せつめい、ありがとうございます。**

  알기 쉬운 설명, 감사해요.

  ☺ 반복 횟수 チェック！ ☑☐☐☐☐☐

🎤 밑줄 친 부분을 주어진 단어로 바꿔 말해 보세요.

 つくります / りょうり 만들어요 / 요리

➡ <u>つくり</u>やすい <u>りょうり</u>です。 만들기 쉬운 요리예요.

① **やります / しごと** 해요 / 일

② **つかいます / かばん** 사용해요 / 가방

③ **えがきます / かお** 그림 그려요 / 얼굴

④ **はなします / あいて** 말해요 / 상대

😛 **몰랐어요!**

일본어로 '~하기 어렵다, ~하기 불편하다' 표현은?

- **~ます + にくい** ~하기 어렵다, ~하기 불편하다

  例 **わかりにくい** 이해하기 어렵다　　**つくりにくい** 만들기 어렵다

  やりにくい 하기 힘들다　　　**つかいにくい** 사용하기 힘들다

  えがきにくい 그리기 어렵다　　**はなしにくい** 말하기 어렵다

Day 46

むしばに なりやすいです。

충치가 생기기 쉬워요.

치통만큼 괴로운 것은 없습니다. 정말 작은 이 하나가 아픈 건데도, 계속 방치하면 얼굴이 붓고 두통까지 생깁니다. 충치는 치료보다는 사전 예방이 더 중요합니다. 달콤한 디저트 후에는 꼭 양치질을 해 주세요. 하지 않으면 충치가 생기기 쉽습니다.

'돼요 / 생겨요'는 'なります'이며, '되기 쉬워요 / 생기기 쉬워요'는 'なりやすいです'입니다.

Tip 명사/な형용사 '～だ + に なりやすいです'

い형용사 '～い + く なりやすいです'

엄마 **ケーキを たべた あとで、はを みがきましょうか。**
케이크를 먹은 후에, 우리 양치질을 할까요?

수진 **おかあさん！はみがきは ほんとうに いやですー！**
엄마! 양치질은 진짜 싫어요~!

엄마 **はみがきを しないと、**
むしばに なりやすく なるんです。
양치질을 안 하면, 충치가 생기기 쉬워져요.

수진 **むしばは もっと いやですー！**
충치는 더 싫어요~!

오늘의 단어

ケーキ 케이크 ｜ たべた あとで 먹은 후에 ｜ はを みがきます 이를 닦아요 ｜ おかあさん 엄마 ｜
はみがき 양치질 ｜ いやだ 싫다 ｜ しないと 안 하면 ｜ むしば 충치 ｜
なりやすく なるんです 생기기 쉬워져요 ｜ もっと 더, 더욱더

🔊 표현을 듣고 반복해서 따라 해 보세요.

- **むしばに なりやすいです。** 충치가 생기기(되기) 쉬워요.

  😊 반복 횟수 チェック！ ☑☐☐☐☐☐

- **けんかに なりやすいです。** 싸움이 나기(되기) 쉬워요.

  😊 반복 횟수 チェック！ ☑☐☐☐☐☐

🎤 밑줄 친 부분을 주어진 단어로 바꿔 말해 보세요.

예 **びょうき** 병

　➡ <u>びょうき</u>に なりやすいです。 병이 되기(병에 걸리기) 쉬워요.

① **がん** 　　암

② **メタボ** 　(운동 부족, 과식 등으로 인한) 내장 지방형 비만

③ **おくびょう** 겁쟁이

④ **トラブル** 　트러블

 몰랐어요!

일본어로 '이(치아)' 관련 표현은?

- 歯 이(치아)
- 前歯 앞니
- 虫歯 충치
- 歯医者 치과, 치과 의사

- 奥歯 어금니
- 出っ歯 튀어나온 이
- 親知らず 사랑니

テレビ みながら、します。

TV 보면서, 해요.

청소는 정말 정말 귀찮고 싫습니다. 청소를 귀찮아하는 사람은 '청소하는 날'을 따로 정하기보다는, 무언가를 할 때마다 동시에 청소를 같이하면 도움이 된다고 합니다. TV를 보면서 거실 바닥을 닦거나, 샤워하면서 물때를 청소하거나 말이지요. 일본에서는 이를 일명 'ながらそうじ(하면서 청소 / 동시에 청소)'라고 합니다.

'~하면서'는 '〜ます + ながら'입니다.

Tip 〔동사〕 '〜ます 〈정중형〉 (~해요 / ~할 거예요 / ~하겠어요)'

기무라 **わたしは ドラマを みながら、そうじを します。**
나는 드라마를 보면서, 청소를 해요.

수진 **わたしは おなじ ドラマでも そうじを しながら
みると、ぜんぜん おもしろく ないです。**
같은 드라마라도 청소를 하면서 보면, 전혀 재미없어요.

오늘의 단어

わたし 나, 저 | **ドラマ** 드라마 | **みます** 봐요, 볼 거예요, 보겠어요 | **そうじ** 청소 |
します 해요, 할 거예요, 하겠어요 | **おなじ** 같은 | **〜でも** ~라도 | **みると** 보면 | **ぜんぜん** 전혀 |
おもしろく ないです 재미없어요

표현을 듣고 반복해서 따라 해 보세요.

- **テレビを みながら、します。** TV를 보면서, 해요.

  ☺ 반복 횟수 チェック! ✓☐☐☐☐☐

- **テレビを みながら、そうじを します。** TV를 보면서, 청소를 해요.

  ☺ 반복 횟수 チェック! ✓☐☐☐☐☐

밑줄 친 부분을 주어진 단어로 바꿔 말해 보세요.

(예) おんがくを ききます / そうじを します

음악을 들어요 / 청소를 해요

➡ <u>おんがくを きき</u>ながら、<u>そうじを します</u>。

<u>음악을 들으면서</u>, <u>청소를 해요</u>.

① りょうりを します / かたづけます 요리를 해요 / 정리해요

② シャワーを あびます / みずあかを とります 샤워를 해요 / 물때를 빼요

③ さらを あらいます / キッチンを ふきます

설거지해요 / 부엌을 닦아요

④ くつを ぬぎます / げんかんの そうじを します

구두를 벗어요 / 현관 청소를 해요

😃 몰랐어요!

일본어로 '동시에 다른 행동이 가능한 사람'이라는 표현은?

- **ながらが できる 人** 동시에 다른 행동이 가능한 사람

  (예) 私は ながらが できます。 나는 동시에 다른 걸 할 수 있어요.

  私は ながらが できません。 나는 동시에 다른 걸 못 해요.

スマホ みながら、 たべます。

스마트폰 보면서, 먹어요.

스마트폰은 정말 유용합니다. 스마트폰 없이는 일상생활이 힘들 정도로 스마트폰의 의존도가 점점 높아지고 있습니다. 일본에서도 스마트폰을 보면서 걷거나, 운전을 하다가 나는 사고가 적지 않습니다. '스마트폰'은 'スマートフォン'인데요. 줄여서, 'スマホ'라고도 합니다. 또, 일본어로는 '스마트폰을 해요(スマホを します)'라는 표현보다는, '스마트폰을 조작해요(スマホを そうさ します)' '봐요(みます)' '만지작만지작해요(いじります)'라는 표현을 많이 사용합니다.

사토　**スマホを いじりながら あるいて いて、くるまに ぶつかりました。**
　　　스마트폰을 만지작거리면서 걷고 있다가, 자동차에 부딪쳤어요.

수진　**だいじょうぶですか。**
　　　괜찮아요?

사토　**むこうも スマホ みながら、
うんてん していた みたいです。**
　　　상대편도 스마트폰 보면서, 운전한 것 같더라고요.

수진　**スマホ みながらは ダメですよ。**
　　　스마트폰 보면서는 안 돼요.

오늘의 단어

スマホ 스마트폰(준말) | **いじります** 만지작만지작해요 | **あるいて いて** 걷고 있다가 | **くるま** 자동차 |
ぶつかります 부딪쳐요 | **だいじょうぶだ** 괜찮다 | **むこう** 상대편, 건너편 |
うんてん して いた 운전하고 있었다 | **みたいだ** ~인 것 같다 | **ダメだ** 안 돼

🔊 표현을 듣고 반복해서 따라 해 보세요.

· **スマホ みながら、たべます。** 스마트폰 보면서, 먹어요.

   ☺**반복 횟수 チェック！** ✔☐☐☐☐☐

· **スマホ いじりながら、しょくじします。**

   스마트폰 만지작만지작하면서, 식사해요.

   ☺**반복 횟수 チェック！** ✔☐☐☐☐☐

🎤 밑줄 친 부분을 주어진 단어로 바꿔 말해 보세요.

   예 **あるきます** 걸어요

   ➡ **スマホを みながら、あるきます。**

      스마트폰을 보면서, 걸어요.

   ① **ここに きます** 여기에 와요

   ② **りょうりを つくります** 요리를 만들어요

   ③ **じてんしゃに のります** 자전거를 타요

   ④ **うんてんを します** 운전을 해요

 몰랐어요!

'歩き'를 사용한 표현은?
· **歩きスマホ** 걸어 다니면서 스마트폰을 하는 것
· **歩きたばこ** 걸어 다니면서 담배 피우는 것
· **食べ歩き** 맛집 탐방

コンビニ よって いい?

편의점 들러도 돼?

편의점 없는 세상은 이제 상상할 수 없습니다. 언제부터인가 트렌드를 넘어서 하나의 문화가 된 혼밥, 혼술도 첫 시작은 편의점에서 이루어졌다 할 수 있습니다.
'~해도 돼요?'는 '〜ても いいですか'인데, 회화에서는 'も'를 생략하고 '〜て いいですか' 라고 합니다.

Tip 동사 '〜て 〈접속형〉 (~하고 / ~해서 / ~해)'

모리	ちょっと コンビニ よって いいですか。
	잠깐 편의점 들러도 돼요?
수진	じゃ、わたしも ちょっと ぎんこう よって いいですか。
	그럼, 나도 잠깐 은행 들러도 돼요?
모리	それじゃ、あとで ここで また あいましょう。
	그럼, 나중에 여기에서 다시 만나요.

오늘의 단어

ちょっと 잠깐 | コンビニ 편의점 | よって 들리고, 들러서, 들러 | じゃ＝それじゃ 그럼 |
わたしも 나도 | ぎんこう 은행 | あとで 나중에 | ここで 여기에서 | また 또, 다시 |
あいましょう (우리) 만나요

🔊 표현을 듣고 반복해서 따라 해 보세요.

- **コンビニ よって いいですか。** 편의점 들러도 돼요?

  ☺ 반복 횟수 チェック！ ☑☐☐☐☐☐

- **ちょっと ぎんこう よって いいですか。** 잠깐 은행 들러도 돼요?

  ☺ 반복 횟수 チェック！ ☑☐☐☐☐☐

🎤 밑줄 친 부분을 주어진 단어로 바꿔 말해 보세요.

예 **ここに / すわって** 여기에 / 앉아

➡ <u>ここに</u> <u>すわって</u> いいですか。 여기에 앉아도 돼요?

❶ **いっしょに / すって** 같이 / (담배를) 피워

❷ **ここで / しゃしんを とって** 여기서 / 사진을 찍어

❸ **じゆうに / つかって** 자유롭게, 무료로 / 사용해

❹ **はなし / つづけて** 이야기 / 계속해

😀 **몰랐어요!**

일본어로 '~해도 돼요?'의 겸손 표현은?

- お + ~~ます~~ + しても よろしいですか ~해도 괜찮을까요?

  예 お皿(さら)を お下(さ)げしても よろしいですか。 접시를 치워도 괜찮을까요?

  お名前(なまえ)を お伺(うかが)いしても よろしいですか。 성함을 여쭤봐도 괜찮을까요?

ねこ つれて いって いい?

고양이 데리고 가도 돼?

동물을 사랑하는 사람들을 보면 정말 마음이 따뜻해집니다. 하지만, 사랑하는 동물이 다른 사람들에게도 사랑받을 수 있도록 매너를 지키는 것도 중요합니다. 가게에 들어갈 때는 '데리고 가도 될까요?' 물어보는 것이 좋겠지요.

'~하고(해) 가도 돼요?'는 '~て いっても いいですか'인데, 회화에서는 'も'를 생략하고 '~て いって いいですか'라고 합니다.

Tip 동사 '~て 〈접속형〉 (~하고 / ~해서 / ~해)'

수진 ともだちを つれて いって いい。
친구를 데리고 가도 돼?

사토 ダメ! わたし ひとみしりだから。
안 돼! 나 낯가린단 말이야.

수진 すごく かわいい にほんじんの ともだちなのに。
굉장히 귀여운 일본인 친구인데.

사토 それなら、つれて きて いいよ。
그렇다면 데리고 와도 돼.

오늘의 단어

ともだち 친구 | つれて 데리고 | ダメ 안 돼 | わたし 나, 저 | ひとみしり 낯가림 |
~だから ~이니까, ~라서 | すごく 굉장히 | かわいい 귀엽다 | にほんじん 일본인 |
~なのに ~인데 | それなら 그렇다면 | きて いい 와도 돼(きても いい의 회화 표현)

🔊 표현을 듣고 반복해서 따라 해 보세요.

· **ねこ つれて いって いいですか。** 고양이 데리고 가도 돼요?

☺ 반복 횟수 チェック! ☑☐☐☐☐☐

· **うちの こも つれて いって いいですか。**

우리 아이도 데리고 가도 돼요?

☺ 반복 횟수 チェック! ☑☐☐☐☐☐

🎤 밑줄 친 부분을 주어진 단어로 바꿔 말해 보세요.

예 **わたしも / ついて** 나도 / 따라

➡ <u>**わたしも ついて**</u> **いって いいですか。**

<u>나도 따라</u> 가도 돼요?

① **ペンだけ / もって** 펜만 / 가지고

② **すこし / のこして** 조금 / 남기고

③ **いちじかん / おくれて** 한 시간 / 늦게, 늦어서

④ **にもつ / おいて** 짐 / 두고, 놓고

😀 **몰랐어요!**

'連れて 行って いい(데리고 가도 돼)'의 응용 표현은?

· 連れて 来て いい。 데리고 와도 돼?

· 連れて 入って いい。 데리고 들어가도 돼?

· 連れて 帰って いい。 데리고 돌아가도 돼?

안에 알맞은 표현을 넣어 보세요.

1 지금, 뭐가 <u>먹고 싶어요?</u>

いま、なにが 　　　　　　　　　　　 。

2 나도 응원을 <u>하고 싶은데요</u>….

わたしも おうえんを 　　　　　　　　　 。

3 눈이 <u>내리기 시작했어요</u>.

ゆきが ふり 　　　　　　　　。

4 <u>눈 깜짝할 사이에</u> 다 읽었어요.

　　　　　　　　　　　 よみおわりました。

5 <u>알기 쉬운</u> 성격이에요.

わかり 　　　　　 タイプです。

6 충치가 생기기 쉬워요(<u>되기 쉬워요</u>).

むしばに 　　　　　　　　　　 。

7 TV를 <u>보면서</u>, 청소를 해요.

テレビを 　　　　　　　　　 、そうじを します。

8 스마트폰 <u>만지작만지작하면서</u>, 식사해요.

スマホ 　　　　　　　　　 、しょくじ します。

9 편의점 <u>들러도 돼요?</u>

コンビニ 　　　　　　　　　 。

10 나도 <u>따라가도</u> 돼요?

わたしも 　　　　　　　　　 いいですか。

정답　**1** たべたいですか **2** したいんですが **3** はじめました **4** あっというまに **5** やすい
6 なりやすいです **7** みながら **8** いじりながら **9** よって いいですか **10** ついて いって

인터넷 용어

ネット 用語

- **おふろ**(목욕탕) **+ りだつ**(이탈) ➡ **フロリダ**[후로리다]

  의미 목욕탕에 씻으러 가서, 잠깐 대화방에서 이탈할게.

  참고로 미국의 '플로리다주'도 일본에서는 [후로리다]라고 발음해요.

- **りょうかい**(알겠어) ➡ **り**[리]

  의미 알겠어.

  한때는 'りょ[료]'까지 줄여 사용했지만, 최근에는 더 줄여서 'り[리]'만 사용해요.

- **パーリーピーポー**(파티 피플) ➡ **パリピ**[파리피]

  의미 파티 피플(party people), 잘 노는 사람.

- **わら**(웃음) ➡ **www**(ㅎㅎㅎ) ➡ **草**[쿠사]

  의미 ㅎㅎㅎ / ㅋㅋㅋ

  '웃음[와라(wara)]'의 첫 알파벳 'W'를 사용해 웃음 마크로 사용했는데, 'WWW'의 모습이 꼭 풀이 자라는 모습과 비슷하여, 최근에는 웃음 마크로 '草(풀)[쿠사]'를 사용해요.

でんわに でて ください。

전화 받으세요.

일본어에서는 '전화를 받으세요'라고 하지 않고, '전화에 나오세요'라고 합니다.
'~하세요 / ~해 주세요'는 '〜て ください'입니다.
반말로 '~해' 할 때는 '〜て'입니다.

Tip 〔동사〕'〜て 〈접속형〉 (~하고 / ~해서 / ~해)'

다나카 **すみません。いま、かいぎちゅうです。**
죄송해요. 지금, 회의 중이에요.

수진 **すみません。きります。**
죄송해요. 끊을게요.

다나카 **いちじかんごに また かけなおして ください。**
1시간 후에 다시 걸어 주세요.

~~~~~~~~ **오늘의 단어** ~~~~~~~~

すみません 죄송해요 | **いま** 지금 | **かいぎちゅう** 회의 중 | **きります** 끊어요, 끊을 거예요, 끊겠어요 |
いちじかん 1시간 | **〜ごに** ~후에 | **また** 또, 다시 | **かけなおして** 다시 걸고, 다시 걸어서, 다시 걸어

🔊 표현을 듣고 반복해서 따라 해 보세요.

- **でんわに でて ください。** 전화 받으세요.
  ☺ 반복 횟수 チェック！☑☐☐☐☐☐

- **だれか でんわに でて ください。** 누군가(아무나) 전화 받으세요.
  ☺ 반복 횟수 チェック！☑☐☐☐☐☐

🎤 밑줄 친 부분을 주어진 단어로 바꿔 말해 보세요.

예 **でんわ / かけて** 전화 / 걸어

➜ **でんわを かけて ください。** 전화를 걸어 주세요.

❶ **でんわ / かけなおして** 전화 / 다시 걸어

❷ **でんわ / きって** 전화 / 끊어

❸ **ごみ / すてて** 쓰레기 / 버려

❹ **ごみ / だして** 쓰레기 / (밖에) 내놔

😃 **몰랐어요!**

일본어로 '전화' 표현은?
- 留守番電話 = 留守電 (준말) 자동 응답기
- 国際電話 국제 전화
- テレビ電話 = ビデオ通話 영상통화, 화상 통화

タクシー、ひろって ください。

택시, 잡으세요. / 택시, 잡아 주세요.

일본어에서는 '택시를 잡아요'라고 하기 보다는, '택시를 주워요'라고 합니다. 그리고 일본의 택시는 자동문입니다. 택시를 탄 후, 저절로 문이 닫힐 때까지 기다리며 특별한 서비스를 누려보세요.

'~하세요 / ~해 주세요'는 '〜て ください'입니다.

Tip 동사 '〜て 〈접속형〉(~하고 / ~해서 / ~해)'

수진 すみません。タクシー いちだい、ひろって ください。
여기요. 택시 한 대 잡아주세요.

컨시어지 おきゃくさま! ハイヤーを よびましょうか。
손님! 콜택시를 불러드릴까요?

수진 はい、おねがいします。
네, 부탁해요(불러 주세요).

오늘의 단어

すみません 여기요, 죄송해요 | タクシー 택시 | いちだい 한 대 | ひろって 줍고, 주워서, 주워 | おきゃくさま 손님 | ハイヤー 콜택시 | よびましょうか 부를까요? | おねがいします 부탁해요

표현을 듣고 반복해서 따라 해 보세요.

- **はやく タクシーを ひろって ください。** 빨리 택시를 잡으세요.

  ☺ **반복 횟수 チェック!** ☑☐☐☐☐☐

- **タクシー いちだい、ひろって ください。**

  택시 한 대, 잡아 주세요.

  ☺ **반복 횟수 チェック!** ☑☐☐☐☐☐

밑줄 친 부분을 주어진 단어로 바꿔 말해 보세요.

예 **ハイヤー / よんで** 콜택시 / 불러

➡ <u>**ハイヤー**</u>を <u>**よんで**</u> ください。 콜택시를 불러 주세요.

❶ **ばんごう / おしえて** 번호 / 알려

❷ **わたしの なまえ / おぼえて** 내 이름 / 기억해

❸ **きのうの こと / わすれて** 어제 일 / 잊어

❹ **この しょるい / わたして** 이 서류 / 건네

😃 **몰랐어요!**

일본어로 '택시' 표현은?

- **タクシー** 일반 택시(길거리에서 이용 가능)

  ➡ 시간과 거리로 요금을 계산하며 미터기가 있어요.

- **ハイヤー** 콜택시(전화로 예약)

  ➡ 사전에 예약하고 시간으로 계산하며, 차 안에 미터기가 없어요.

Day 53

ドラマか して ほしいです。

드라마로 만들어 줬으면 해요.

요즘은 인기 웹툰(만화) 중에 영화나 드라마로 만들어져 다시 한번 큰 사랑을 받은 작품들이 많습니다. 여러분은 정말 재미있게 본 소설이나 만화 중에 '드라마로 만들어 줬으면…' 하는 것이 있나요?

앞에서 배운 '~해 주세요(~て ください)'는 상대에게 직접 부탁하는 표현이라면, 오늘의 '~て ほしい'는 제3자에게 바라는 것을 말할 때도 사용합니다. '(사람)に ~て ほしい'는 직역하면 '~에게 ~하기를 바란다'인데요. 직역하기보다는 '~가 ~해줬으면 해'라고 해석하는 것이 자연스럽습니다.

Tip 동사 '~て 〈접속형〉 (~하고 / ~해서 / ~해)'

야마다 この しょうせつ、ほんとうに おもしろかったんです。
이 소설, 정말 재미있었어요.

수진 わたしもです。えいがか して ほしいです。
나도요. 영화로 만들어 줬으면 해요.

야마다 ほんとうに だれか えいがか して ください。
정말 누군가(아무나) 영화로 만들어 주세요.

오늘의 단어

この 이 | しょうせつ 소설 | ほんとうに 정말로 | おもしろかったんです 재미있었어요 |
わたしも 나도 | えいがか 영화화 | して 하고, 해서, 해 | だれか 누군가, 아무나

🔊 표현을 듣고 반복해서 따라 해 보세요.

- **ドラマか して ほしいです。** 드라마화 해줬으면 해요.

  ☺ 반복 횟수 チェック！ ✓⬜⬜⬜⬜⬜

- **だれかに ドラマか して ほしいです。**

  누군가(아무나)가 드라마화 해줬으면 해요.

  ☺ 반복 횟수 チェック！ ✓⬜⬜⬜⬜⬜

🎤 밑줄 친 부분을 주어진 단어로 바꿔 말해 보세요.

예 **ぶちょう / かばって** 부장님 / 감싸

➡ **ぶちょうに かばって ほしいです。**

부장님이 감싸줬으면(내 편 들어줬으면) 해요.

1 **こいびと / いわって** 애인 / 축하해

2 **ちち / タバコを やめて** 아빠 / 담배를 끊어

3 **ともだち / わしょくを つくって** 친구 / 일식을 만들어

4 **かれし / いえまで おくって** 남친 / 집까지 바래다

😀 **몰랐어요!**

'〜化(か)'를 사용한 표현은?

- **実写化(じっしゃか)** 실제 경치나 상황을 사진이나 영화에 옮김
- **アニメ化(か)** 애니메이션화
- **映画化(えいがか) 決定(けってい)** 영화화 결정
- **再(さい)ドラマ化(か) 決定(けってい)** 재 드라마화 결정

Day 54

ゆうしょう
して ほしい チーム。

우승했으면 하는 팀.

이번 시즌은 꼭 우승했으면 하는 팀이 있나요? 그리고, 꼭 출전했으면 하는 선수가 있나요?
'~했으면 하는 ~'은 '~て ほしい ~'입니다.

Tip 동사 '~て 〈접속형〉 (~하고 / ~해서 / ~해)'

수진 この ひと! ことしは しゅつじょう して ほしい せんしゅです。
이 사람! 올해는 출전했으면 하는 선수예요.

다나카 この せんしゅ、きょねんは けがで
しゅつじょう できませんでしたよね。
이 선수, 작년에는 부상으로 출전 못 했었지요?

수진 そうです。こんどは ゆうしょう して ほしいです。
맞아요. 이번에는 우승했으면 해요.

오늘의 단어

この ひと 이 사람 | ことし 올해 | しゅつじょう 출전 | して 하고, 해서, 해 | せんしゅ 선수 |
きょねん 작년 | けがで 부상으로 | できませんでした 못 했어요 | こんど 이번(에) |
ゆうしょう 우승

🔊 표현을 듣고 반복해서 따라 해 보세요.

- **ゆうしょう して ほしい チーム。** 우승했으면 하는 팀.

  ☺ 반복 횟수 チェック！ ☑☐☐☐☐☐

- **たいかいで ゆうしょう して ほしい チームです。**

  대회에서 우승했으면 하는 팀이에요.

  ☺ 반복 횟수 チェック！ ☑☐☐☐☐☐

🎤 밑줄 친 부분을 주어진 단어로 바꿔 말해 보세요.

예 **しゅつじょう して / せんしゅ** 출전해 / 선수

➡ <u>しゅつじょう して</u> **ほしい** <u>せんしゅ</u>です。

  <u>출전했으면</u> 하는 <u>선수</u>예요.

1 しって / みせ　　　　알아 / 가게

2 きいて / はなし　　　　들어 / 이야기

3 えいがか して / まんが　영화화 해 / 만화

4 みんなで うたって / うた　모두 같이 노래해 / 노래

 몰랐어요!

일본어로 '출전' 표현은?
- **出征**(しゅっせい) (전쟁에) 출전
- **出場**(しゅつじょう) (경기에) 출전

もりさんが くれたんです。

모리 씨가 준 거예요.

일본에는 '내가 남에게 줬어요'와 '남이 나에게 줬어요'의 경우 다른 단어를 사용합니다.
'상대가 나에게 줬어요 / 준 거예요'는 '상대が わたしに くれたんです'입니다. 여기서
'くれたんです'는 'くれました'와 같은 의미입니다.

수진 やまださん！かばん かいましたか。すごく かわいいです。

야마다 씨! 가방 샀어요? 굉장히 귀여워요.

야마다 ありがとうございます。まえの たんじょうびに もりさんが くれたんです。

고마워요. 지난 생일에 모리 씨가 줬어요.

수진 わたしも こんどの たんじょうびに ほしいって いって みよう。

나도 이번 생일에 갖고 싶다고 말해 봐야지.

かばん 가방 | かいました 샀어요 | すごく 굉장히 | かわいい 귀엽다, 귀여운 |
ありがとうございます 고마워요 | まえの 전에, 지난 | たんじょうび 생일 | こんど 이번 |
ほしい 갖고 싶다 | ～って ~라고 | いって みよう 말해 봐야지

- **もりさんが わたしに くれたんです。** 모리 씨가 나에게 줬어요.
  ☺ **반복 횟수 チェック！** ☑☐☐☐☐☐

- **だれが くれたんですか。** 누가 준 거예요?
  ☺ **반복 횟수 チェック！** ☑☐☐☐☐☐

🎤 밑줄 친 부분을 주어진 단어로 바꿔 말해 보세요.

예 **たんじょうび プレゼント** 생일 선물

➡ **もりさんが たんじょうび プレゼントを
    くれたんです。** 모리 씨가 생일 선물을 줬어요.

① **おかし**　　　과자

② **いんかん**　　도장, 인감

③ **はな**　　　　꽃

④ **きてない ふく** 입지 않는 옷

 몰랐어요!

일본어로 '모리 씨가 줬어요'의 다른 표현은?

- 모리 씨가 줬어요.　　　＝ 모리 씨에게 받았어요.
  森さんが くれたんです。　＝ 森さんに もらったんです。

おごって もらったんです。

(나한테) 한턱냈어요. / 사 줬어요.

이번에는 '남이 나에게 무언가를 해 줬어요'를 연습해 볼까요?
'상대가 나에게 ~해 줬어요'는 '상대が わたしに ～て くれたんです'입니다. 그런데 일본어 회화에서는 '~해 줬다'보다는 '~해 받았다'라는 표현을 더 좋아합니다.
'상대가 나에게 ~해 줬어요(= 나는 상대에게 해 받았어요)'는 'わたしは 상대に ～て もらったんです'입니다. 여기서 'もらったんです'는 'もらいました'와 같은 의미입니다.

Tip 동사 '～て〈접속형〉(~하고 / ~해서 / ~해)'

수진 きのうは せんぱいに ラーメンを おごって もらったんです。
어제는 선배님이 라면을 사 줬어요.

모리 わたしは おととい せんぱいに
たべほうだいを おごって もらったんですけど。
나는 그저께 선배님이 뷔페를 사 줬는데요.

오늘의 단어

きのう 어제 | せんぱい 선배 | ラーメン 라면 | おごって 한턱내고, 한턱내서, 한턱내 |
わたし 나, 저 | おととい 그저께 | たべほうだい 뷔페 | ～けど ~인데

🔊 표현을 듣고 반복해서 따라 해 보세요.

• もりさんに おさけを おごって もらったんです。

모리 씨가 술을 사 줬어요.

😊 반복 횟수 チェック! ✓☐☐☐☐☐

• もりさんに ごはんを おごって もらったんですか。

모리 씨가 밥을 사 줬나요?

😊 반복 횟수 チェック! ✓☐☐☐☐☐

🎤 밑줄 친 부분을 주어진 단어로 바꿔 말해 보세요.

예 さいふ / かって 지갑 / 사

➡ もりさんに さいふを かって もらったんです。

모리 씨가 지갑을 사 줬어요.

① ケーキ / つくって   케이크 / 만들어
② てがみ / よんで   편지 / 읽어
③ にほんご / おしえて   일본어 / 가르쳐
④ かのじょ / しょうかいして   그녀 / 소개해

😃 몰랐어요!

일본어로 '술을 사 줬어요' 표현은?
• お酒を おごって もらったんです。 (같이 마시고 한 사람이 계산할 경우)
• お酒を 買って もらったんです。 (술을 선물로 받았을 경우)

かして もらえますか。

빌려줄 수 있나요?

뭔가 필요한 물건이 있다면, 참거나 무작정 구매하기보다는 우선 '안내데스크'나 '점원'에게 빌릴 수 있는지를 확인해 보세요. 한번 물어봐서 손해 볼 것은 아무것도 없으니까요. 일본어 회화에서는 '빌려주시겠어요?'보다는 '빌려 받을 수 있을까요?'라는 표현을 좋아합니다.
'빌려줄 수 있나요? / 빌려주시겠어요?'는 'かして もらえますか'입니다. 참고로 'もらえます(받을 수 있습니다)'는 'もらいます(받습니다)'의 가능형입니다.

수진　すみません。こどもが ジュースを こぼしたんですが、
　　　미안해요. 아이가 주스를 쏟았는데,

　　　ふきん かして もらえますか。
　　　행주 좀 빌려주시겠어요?

점원　はい、しょうしょう おまちください。
　　　네, 잠시만 기다려주세요.

오늘의 단어

すみません 미안해요 | **こども** 아이 | **ジュース** 주스 | **こぼしたんですが** 쏟았는데 |
ふきん 행주 | **しょうしょう** 잠시만(정중한 표현) | **おまちください** 기다려 주십시오(존경 표현)

표현을 듣고 반복해서 따라 해 보세요.

- **かさを かして もらえますか。** 우산을 빌려주시겠어요?
  ☺ 반복 횟수 チェック！ ☑☐☐☐☐☐

- **アダプターを かして もらえますか。** 어댑터를 빌려줄 수 있나요?
  ☺ 반복 횟수 チェック！ ☑☐☐☐☐☐

🎤 밑줄 친 부분을 주어진 단어로 바꿔 말해 보세요.

예 **ボールペン、ひとつ** 볼펜, 하나

➡ <u>**ボールペン、ひとつ**</u> **かして もらえますか。**

　 볼펜, 하나 빌려줄 수 있나요?

① **アイロン** 다리미　　　② **アイロン、ちょっと** 다리미, 잠깐

③ **ほん** 책　　　④ **かみ** 종이

⑤ **ベビーカー** 유모차　　　⑥ **くるまいす** 휠체어

😃 **몰랐어요!**

친구들끼리 사용하는 '빌려줘' 표현은?

- 貸して 빌려줘
  예 消しゴム 貸して。 지우개 빌려줘.
  お金 貸して。 돈 빌려줘.

かえて もらえますか。

바꿔 줄 수 있나요?

여행을 다니다 보면 작은 트러블쯤은 있기 마련이지요. 뭐가 묻은 컵, 문제가 있는 방, 머리카락이 들어간 음식 등등. 그럴 땐 기분 상해하지 말고, '바꿔 주시겠어요?'라고 말하고 훌훌 털어버리세요.

'~(으)로 바꿔 줄 수 있나요? / 바꿔 주시겠어요?'는 '~に かえて もらえますか'입니다.

수진 コップに なにか ついてるんですが、

컵에 뭔가 묻어있는데,

あたらしい ものに かえて もらえますか。

새것으로 바꿔 주시겠어요?

점원 もうしわけございません。すぐ おもちします。

죄송합니다. 바로 가져다드리겠습니다.

오늘의 단어

コップ 컵 ｜ ～に ~에 ｜ なにか 무언가 ｜ ついてるんですが 묻어있는데요 ｜
あたらしい 새롭다, 새 ｜ もの ~것 ｜ もうしわけございません 죄송합니다(겸양 표현) ｜
すぐ 바로, 곧 ｜ おもちします 가져다드리겠습니다(겸양 표현)

표현을 듣고 반복해서 따라 해 보세요.

• **スプーンを かえて もらえますか。** 스푼을 바꿔 주시겠어요?

  ☺ 반복 횟수 체크! チェック！ ☑☐☐☐☐☐

• **へやを かえて もらえますか。** 방을 바꿔 줄 수 있나요?

  ☺ 반복 횟수 체크! チェック！ ☑☐☐☐☐☐

밑줄 친 부분을 주어진 단어로 바꿔 말해 보세요.

예 **せき / あちら** 자리 / 저쪽

  ➔ **せきを あちらに かえて もらえますか。**

  자리를 저쪽으로 바꿔 줄 수 있나요?

❶ **せき / おくの せき** 　　　　자리 / 안쪽 자리

❷ **へや / わしつ** 　　　　　　방 / 일본식 방(다다미방)

❸ **ちゃわん / ほかの もの** 　　밥그릇 / 다른 것

❹ **テレビ チャンネル / サッカー** TV 채널 / 축구

몰랐어요!

일본어로 '컵'은?

• **コップ** 　모든 컵
• **カップ** 　따뜻한 음료를 담는 컵 (머그잔 등)
• **グラス** 　찬 음료를 담는 컵 (유리컵 등)

  예 컵라면 　**カップ**ラーメン
  예 와인 잔 　ワイン**グラス**

きて くれて、ありがとう。

와 줘서, 고마워.

나를 위해 일부러 시간을 내준 사람에게, '이렇게 와 줘서 고마워요'라고 고마운 마음을 전해 보세요.

'~해 줘서, 고마워요'는 '〜て くれて、ありがとうございます'입니다. 참고로 '일부러'는 'わざわざ(주로 긍정적인 의미; 고생한 경우)'와 'わざと(주로 부정적인 의미; 고의로)'가 있습니다.

Tip (동사) '〜て 〈접속형〉 (~하고 / ~해서 / ~해)'

수진 わざわざ きて くれて、ありがとうございます。
일부러 (시간 내서) 와 줘서, 고마워요.

사토 きょうは スジンさんが おごって くれるんですよね。
오늘은 수진 씨가 한턱내 줄 거죠?

ありがとうございます。
고마워요.

수진 はい? はつみみです。
네? 처음 듣는 말인데요.

오늘의 단어

わざわざ 일부러 (시간 내서) │ きて 오고, 와서, 와 │ きょう 오늘 │
おごって 한턱내고, 한턱내서, 한턱내 │ 〜んですよね ~할 거죠? │ はつみみ 처음 듣는 말

🔊 표현을 듣고 반복해서 따라 해 보세요.

• **きて くれて、ありがとうございます。** 와 줘서, 고마워요.

  ☺ 반복 횟수 チェック！ ☑☐☐☐☐☐

• **わざわざ きて くれて、ありがとうございます。**

  일부러 (시간 내서) 와 줘서, 고마워요.

  ☺ 반복 횟수 チェック！ ☑☐☐☐☐☐

🎤 밑줄 친 부분을 주어진 단어로 바꿔 말해 보세요.

예 **うまれて** 태어나

  ➡ **うまれて くれて、ありがとうございます。**

  태어나 줘서, 고마워요.

❶ **はげまして** 격려해

❷ **みつけて** 찾아(잃어버린 것을 찾아냄)

❸ **アドバイス して** 어드바이스(충고)해

❹ **そうだんに のって** 상담해

😊 **몰랐어요!**

일본어로 '상담해 주세요'의 표현은?

• **相談してください。** (저희 쪽에) 상담해 주세요.

  ➡ 상담을 하는 입장

• **相談に乗ってください。** (고민이 있어요) 상담 좀 해 주세요.

  ➡ 상담을 받는 입장

きに いって くれて、 うれしい。

마음에 들어 해 (줘)서, 기뻐.

내가 준비한 선물을 받고 상대가 좋아해 주면, 내 마음도 정말 기쁩니다. 옛날에는 그 기쁜 마음을 감추며, 겸손하게 '이런 변변치 않은 물건에 기뻐해 주시다니요'라고 표현했다면, 요즘은 '마음에 들어 해줘서, 나도 기뻐요'라고 솔직한 마음을 표현합니다.
'~해 줘서, 기뻐요'는 '〜て くれて、うれしいです'입니다.

Tip 동사 '〜て 〈접속형〉 (~하고 / ~해서 / ~해)'

사토   つまらない ものですが、どうぞ。
　　　　변변치 않은 물건입니다만, 받으세요(자 여기요).

수진   つまらない ものを どうして わたしに。
　　　　변변치 않은 물건을 왜 저에게?

　　　　じょうだんです。とても きに いってます。
　　　　농담이에요. 아주 맘에 들어요.

사토   なら よかった。きに いって くれて、うれしいです。
　　　　그렇다면 잘됐네. 마음에 들어 해서, 기뻐요.

오늘의 단어

つまらない 변변치 않은, 따분한 | もの 물건, 것 | 〜ですが 입니다만 | どうぞ 자 여기요(권유 표현) |
どうして 왜, 어째서 | わたしに 나에게, 저에게 | じょうだん 농담 | (それ)なら 그렇다면 |
よかった 잘됐네 | きに いって 마음에 들고, 마음에 들어서, 마음에 들어

🔊 표현을 듣고 반복해서 따라 해 보세요.

- **きに いって くれて、 うれしい。** 마음에 들어 해 줘서, 기뻐.

  😊 반복 횟수 チェック！ ✓☐☐☐☐☐

- **きに いって くれて、 わたしも うれしいです。**

  마음에 들어 해 줘서, 나도 기뻐요.

  😊 반복 횟수 チェック！ ✓☐☐☐☐☐

🎤 밑줄 친 부분을 주어진 단어로 바꿔 말해 보세요.

 そう おもって 그렇게 생각해

　➔ **そう おもって くれて、 うれしいです。**

　　 <u>그렇게 생각해</u> 줘서, 기뻐요.

① **そう いって** 그렇게 말해

② **きが ついて** 알아채

③ **だいじに して** 소중히 여겨

④ **むかえに きて** 마중 와

😀 **몰랐어요!**

일본어로 '선물을 건넬 때' 사용할 수 있는 인사말?
- 心ばかりですが。 마음뿐입니다만.
- お口に 合うか どうか わかりませんが。 입에 맞을지 어떨지 모르겠습니다만.
- ○○が お好きだと、 伺ったので。 ○○을 좋아하신다고, 들어서.
- 気に 入って いただけると、 嬉しいですが。

  마음에 들어 하시면, 기쁠 것 같습니다만.

안에 알맞은 표현을 넣어 보세요.

1 아무나 전화 받으세요.

だれか でんわに 　　　　　　　　　　　　。

2 빨리 택시를 잡으세요.

はやく タクシーを 　　　　　　　　　　　　。

3 누군가가 드라마화 해줬으면 해요.

だれかに ドラマか 　　　　　　　　　　　　。

4 출전했으면 하는 선수예요.

しゅつじょう 　　　　　　　　　　　　 せんしゅです。

5 모리 씨가 나에게 줬어요.

もりさんが わたしに 　　　　　　　　　　　。

6 모리 씨가 술을 사 줬어요.

もりさんに おさけを 　　　　　　　　　　　　。

7 볼펜, 하나 빌려줄 수 있나요?

ボールペン、ひとつ 　　　　　　　　　　　　。

8 자리를 저쪽으로 바꿔 줄 수 있나요?

せきを あちらに 　　　　　　　　　　　　。

9 와 줘서, 고마워요.

　　　　　　　　　　　、ありがとうございます。

10 마음에 들어 해 줘서, 기뻐.

きに 　　　　　　　　　　、うれしい。

 정답 **1** でて ください **2** ひろって ください **3** して ほしいです **4** して ほしい **5** くれたんです
6 おごって もらったんです **7** かして もらえますか **8** かえて もらえますか **9** きて くれて
10 いって くれて

料理の「さしすせそ」

りょう　り

요리의 [사시스세소]라는 말 들어본 적 있나요?
요리 중에서도 조미료가 많이 들어가는 요리는 [사시스세소] 순으로 조미료를
넣으면 맛있어진다고 해요.

「さ[사]」… さとう (설탕)

「し[시]」… しお (소금)

「す[스]」… す (식초)

「せ[세]」… しょうゆ (간장) ＊옛날에는 간장을 せうゆ라고 함

「そ[소]」… みそ (된장)

'설탕'은 침투가 잘 안돼서, 가장 먼저 넣는 것이 좋아요. '설탕'보다 '소금' 또는
'간장'을 먼저 넣으면, 단맛이 음식에 배기 어렵다고 해요. '간장'과 '된장'은 풍미
도 함께 즐기는 조미료이므로, 가장 마지막에 넣는 것이 좋다고 해요.
맛있는 요리는 [사시스세소] 순으로, 잊지 마세요!

わたしが あげたんです。

내가 준 거예요.

이번에는 '내가 상대에게 줬어요'의 경우를 연습해 볼까요?
'내가 상대에게 줬어요 / 준거예요'는 'わたしが 상대に あげたんです'입니다. 여기서
'あげたんです'는 'あげました'와 같은 의미입니다.

수진 やまださんの かばん、かわいいですね。
야마다 씨의 가방, 귀엽네요.

모리 やまださんの かばん、わたしが あげたんです。
야마다 씨의 가방, 내가 준 거예요.

수진 わたしも わたしも! ほしいです。
나도 나도! 갖고 싶어요.

모리 じゃ、こんどの たんじょうび、
たのしみに して いて ください。
그럼 이번 생일, 기대하세요.

오늘의 단어

かわいい 귀엽다 ｜ わたし 나, 저 ｜ ほしい 갖고 싶다 ｜ じゃ 그럼 ｜ こんど 이번, 다음 ｜
たんじょうび 생일 ｜ たのしみに して 기대하고, 기대해서, 기대해 ｜
〜て いて ください ~하고 있어 주세요

🔊 표현을 듣고 반복해서 따라 해 보세요.

- **わたしが もりさんに あげたんです。** 내가 모리 씨에게 줬어요.

  😊 반복 횟수 チェック！ ☑☐☐☐☐☐

- **だれに あげたんですか。** 누구에게 준 거예요?

  😊 반복 횟수 チェック！ ☑☐☐☐☐☐

🎤 밑줄 친 부분을 주어진 단어로 바꿔 말해 보세요.

예 **たんじょうび プレゼント** 생일 선물

➡ **もりさんに たんじょうび プレゼントを
あげたんです。** 모리 씨에게 생일 선물을 줬어요.

① **にゅうがくの おいわい** 입학 축하선물

② **りょこうの おみやげ** 여행 선물

③ **はなたば** 꽃다발

④ **つかってない ギター** 사용하지 않는 기타

😀 몰랐어요!

'お祝い'의 의미는?

- **お祝い** 축하, 축하인사, 축하선물

  예 축하파티 해요. **お祝い しましょう。**

  축하선물이에요. **お祝いです。**

  축하인사는 매너가 중요해요. **お祝いは マナーが 大事です。**

Day 62

はこんで あげたんです。

(내가) 들어 줬어요.

이번에는 '내가 남에게 무언가를 해줬어요'를 연습해 볼까요?
'내가 상대에게 ~해줬어요'는 '아타しが 상대に ～て あげたんです'입니다.
여기서 'あげたんです'는 'あげました'와 같은 의미입니다.

Tip [동사] '～て〈접속형〉(~하고 / ~해서 / ~해)'

수진　いちじかんも おくれて すみません。
　　　1시간이나 늦어서 죄송해요.

사토　きょうも なにか あったんですか。
　　　오늘도 무슨 일 있었나요?

수진　しらない おばあさんの にもつを
　　　えきまで はこんで あげたんです。
　　　모르는 할머니 짐을 역까지 들어 드렸어요.

사토　やれやれ、この まえは
　　　しらない おじいさんでしたよね。
　　　정말이지~, 이전에는 모르는 할아버지였지요?

오늘의 단어

いちじかん 1시간 | ～も ~이나, ~도 | おくれて 늦고, 늦어서, 늦어 | すみません 죄송해요 |
なにか あったんですか 무슨 일 있었나요? | しらない 모르다, 모르는 | おばあさん 할머니 |
にもつ 짐 | えきまで 역까지 | はこんで 들고, 들어서, 들어 | やれやれ (어이없을 때 나는 소리) |
この まえ 이전(에) | おじいさん 할아버지 | ～でしたよね ~였지요?

🔊 **표현을 듣고 반복해서 따라 해 보세요.**

- **わたしが にもつを はこんで あげたんです。**

  내가 짐을 들어 줬어요.

  ☺ 반복 횟수 チェック！ ☑☐☐☐☐☐

- **どこまで はこんで あげたんですか。** 어디까지 들어 줬어요?

  ☺ 반복 횟수 チェック！ ☑☐☐☐☐☐

🎤 **밑줄 친 부분을 주어진 단어로 바꿔 말해 보세요.**

예 **どうが / みせて** 동영상 / 보여

→ **もりさんに どうがを みせて あげたんです。**

모리 씨에게 동영상을 보여 줬어요.

① **ノート / かして** 노트 / 빌려

② **かんじ / おしえて** 한자 / 가르쳐

③ **かれし / しょうかいして** 남자 친구 / 소개해

④ **おせちりょうり / つくって** 설날 요리 / 만들어

😀 **몰랐어요!**

일본어로 '들어 줬어요' 표현은?

- 持って あげたんです (가만히 그 자리에 서서) 들고 있었어요
- 運んで あげたんです (어떤 장소까지) 들고 가 줬어요

  예 신발 끈 묶는 친구를 위해, 가방을 들어 줬어요. → 持って あげたんです

  할머니의 무거운 짐을 역까지 들어 줬어요. → 運んで あげたんです

すこし かんがえて みます。

잠시 생각해 볼게요.

여러분은 충분히 생각하고 조사한 후에 결정을 내리는 편인가요? 저는 꽤 즉흥적으로 결정을 내리는 편입니다. 그래서 좋은 일도 많았지만, 가끔은 되돌리기 힘든 적도 있었습니다. 저와 같은 성격이라면 '잠깐 생각해 볼게요'라는 말을 평소에도 되뇌어 보세요. 결정의 순간에 많은 도움이 될 겁니다.
'(한번) ~해 볼게요'는 '~て みます'입니다.

Tip 동사 '~て 〈접속형〉(~하고 / ~해서 / ~해)'

수진 あしたまでに かんがえて みます。
내일까지 생각해 볼게요.

모리 なんで ひるごはんの メニューを あしたまで かんがえますか。
왜 점심 메뉴를 내일까지 생각해요?

수진 わたしは しんちょうな ひとに なりたいんです。
나는 신중한 사람이 되고 싶어요.

오늘의 단어

あした 내일 ｜ ～までに ~까지 ｜ かんがえて 생각하고, 생각해서, 생각해 ｜ なんで 왜 ｜
ひるごはん 점심밥 ｜ メニュー 메뉴 ｜ かんがえます 생각해요 ｜ わたし 나, 저 ｜
しんちょうな ひと 신중한 사람 ｜ ～に なりたいんです ~이(가) 되고 싶어요

🔊 표현을 듣고 반복해서 따라 해 보세요.

• **すこし かんがえて みます。** 잠시 생각해 볼게요.
  ☺ 반복 횟수 チェック！ ☑☐☐☐☐☐

• **あしたまでに かんがえて みます。** 내일까지 생각해 볼게요.
  ☺ 반복 횟수 チェック！ ☑☐☐☐☐☐

 밑줄 친 부분을 주어진 단어로 바꿔 말해 보세요.

(예) **じぶんで / やって** 스스로(직접) / 해

  ➡ <u>じぶんで</u> <u>やって</u> みます。 직접 해 볼게요.

❶ **ちょうせん / して** 도전 / 해

❷ **ねだんを / くらべて** 가격을 / 비교해

❸ **こんどこそ / たべて** 이번이야말로 / 먹어

❹ **サンプルを / ためして** 샘플을 / 시험해, 체험해

😊 **몰랐어요!**

일본어로 '~까지' 표현은?

• **〜まで**　(기간, 시간, 구간) 계속해서 행위가 이루어질 때
• **〜までに**　(기한, 시한) 이내에 행위를 종료하면 될 때

  (예) 5시까지 TV를 봤어요.　➡ **まで** (5시까지 계속 봤어요)
  (예) 5시까지 보고서를 제출해 주세요.　➡ **までに** (5시 안에만 제출하면 돼요)

Day 64

いいか どうか
ためして みます。

좋은지 어떤지 (한번) 써 볼게요.

'한번 샘플 써볼게요.' '한번 구두 신어볼게요.' '내 발음이 통하는지 한번 말해 볼게요.'
위의 모든 표현이 일본에서는 'ためして みます(시험 삼아 한번 해 볼게요)'입니다.
또, '~인지 어떤지'는 '〜か どうか'라고 합니다.

Tip 〔동사〕 '〜て 〈접속형〉 (~하고 / ~해서 / ~해)'

점원 **こちらの マッサージチェア、おためしください。**
이 안마 의자, 체험해(시험해) 보세요.

수진 **わあー! すごく いいですね。**
와~! 굉장히 좋네요.

점원 **おきゃくさま！ すわるだけで**
かたこりを ほぐして くれます。
손님! 앉아있는 것만으로 뻐근한 어깨를 풀어줍니다.

수진 **じゃ、もう いちど いいか どうか**
ためして みます。
그럼, 한번 더 좋은지 어떤지 체험해 볼게요.

오늘의 단어

こちら 이, 이쪽(정중한 표현) ｜ マッサージチェア 안마 의자 ｜ おためしください 시험해 보세요(존경 표현) ｜
すごく 굉장히 ｜ いい 좋다 ｜ おきゃくさま 손님 ｜ すわる 앉다 ｜ 〜だけで ~만으로 ｜
かたこり 뻐근한 어깨, 어깨 결림 ｜ ほぐして くれます 풀어줍니다 ｜ じゃ 그럼 ｜ もう いちど 한번 더 ｜
ためして 시험하고, 시험해서, 시험해

🔊 표현을 듣고 반복해서 따라 해 보세요.

・**いいか どうか ためして みます。**

좋은지 어떤지 (한번) 시험해 볼게요.

😊 **반복 횟수 チェック !** ☑☐☐☐☐☐

・**いいか わるいか ためして みます。**

좋은지 나쁜지 (한번) 시험해 볼게요.

😊 **반복 횟수 チェック !** ☑☐☐☐☐☐

 밑줄 친 부분을 주어진 단어로 바꿔 말해 보세요.

예 **サイズが あう / ためして** 사이즈가 맞다 / 시험해

➡ <u>サイズが あう</u>か どうか <u>ためして</u> みます。

<u>사이즈가 맞는</u>지 어떤지 <u>시험해</u> 볼게요.

❶ おいしい / たべて   맛있다 / 먹어

❷ やすい / くらべて   싸다 / 비교해

❸ だいじょうぶ / かんがえて 괜찮음 / 생각해

❹ できる / ちょうせんして   가능하다 / 도전해

😀 **몰랐어요!**

'**お試し**'의 의미와 응용 표현은?

・**お試し** 체험, 샘플, 시도

예 **お試し無料** 체험(샘플) 무료   **お試しセット** 체험 세트

お試し引換券 샘플 교환권   **お試し価格** 체험 가격

いま おしゃべり してます。

지금 수다 떨고 있어요.

가까운 공원에 가서 사람들을 유심히 관찰해 보세요. '데이트를 하고 있는 사람' '친구와 수다를 떨고 있는 사람' '아이스크림을 먹고 있는 아이' 많은 사람들이 눈에 들어올 겁니다. 그들의 동작을 일본어로 만들어 보는 것도 재미있을 겁니다.

'~하고 있어요'는 '～て います'인데, 회화에서는 'い'를 생략하고 '～てます'라고 합니다.

Tip (동사) '～て 〈접속형〉(~하고 / ~해서 / ~해)'

수진 おかあさんが あの こに どなってます。
엄마가 저 아이에게 소리 지르고 있어요.

다나카 そうですね。あの こは ないてますね。どうしてかな。
그렇네요. 저 아이는 울고 있네요. 왜일까?

수진 それより あの こ、アイスクリームを もってますけど、
그것보다 저 아이, 아이스크림을 들고 있는데,

わたしも たべたいです。
나도 먹고 싶네요.

오늘의 단어

おかあさん 엄마 | あの こ 저 아이 | どなって 호통치고, 호통쳐서, 호통쳐 | そうですね 그렇네요 |
ないて 울고, 울어서, 울어 | どうしてかな 왜일까? | それより 그것보다 |
アイスクリーム 아이스크림 | もって 들고, 들어서, 들어 | ～けど ~지만, ~인데 | わたし 나, 저 |
たべたい 먹고 싶다

🔊 **표현을 듣고 반복해서 따라 해 보세요.**

- **いま おしゃべり してます。** 지금 수다 떨고 있어요.

  ☺ **반복 횟수 チェック！** ☑☐☐☐☐☐

- **いま ともだちと おしゃべり してます。**

  지금 친구와 수다 떨고 있어요.

  ☺ **반복 횟수 チェック！** ☑☐☐☐☐☐

🎤 **밑줄 친 부분을 주어진 단어로 바꿔 말해 보세요.**

예 **デートを して** 데이트를 하고

➡ **こうえんで デートを してます。**

공원에서 데이트를 하고 있어요.

① **おんがくを きいて** 음악을 듣고

② **バイオリンを ひいて** 바이올린을 켜고

③ **さんぽを して** 산책을 하고

④ **いっしゅう はしって** 한 바퀴 달리고

😀 **몰랐어요!**

일본어로 '지금 뭐 하고 있어요?' 표현은?
- 今、何をしていますか。 지금 무엇을 하고 있어요?
- 今、何してますか。 지금 뭐 하고 있어요?
- 今、何してる。 지금 뭐 해?

ピアノを ならってます。

피아노를 배우고 있어요.

'요즘 어떻게 지내세요?'의 질문에 '요즘은 빵집에서 일하고 있어요'라고 대답합니다. '~하고 있어요'는 '현재 진행'의 의미뿐만 아니라, '계속해서 반복적으로 일어나는 동작 또는 일'을 나타낼 때도 사용합니다.

'~하고 있어요'는 '〜て います'인데, 회화에서는 'い'를 생략하고 '〜てます'라고 합니다.

Tip 동사 '〜て 〈접속형〉(~하고 / ~해서 / ~해)'

나카지마 おひさしぶりです。さいきん、なに してますか。
오랜만이에요. 요즘, 뭐 하세요?

수진 ひみつー！
비~밀!

나카지마 スジンさんって いつから ひみつしゅぎでしたっけ。
수진 씨는 언제부터 신비주의였지요?

수진 あなたにだけ ひみつしゅぎですよ。
당신에게만 신비주의요.

오늘의 단어

おひさしぶり 오랜만 | さいきん 요즘, 최근 | なに 무엇, 뭐 | して 하고, 해서, 해 | ひみつ 비밀 |
〜って ~은, ~는, ~라는 것(회화 표현) | いつから 언제부터 | ひみつしゅぎ 신비주의 |
〜でしたっけ ~였지요, ~였더라 | あなたにだけ 너에게만, 당신에게만

- **さいきん ピアノを ならってます。** 요즘 피아노를 배우고 있어요.

  😊 반복 횟수 チェック！ ☑☐☐☐☐☐

- **さいきん ゴルフの れんしゅうを してます。**

  요즘 골프 연습을 하고 있어요.

  😊 반복 횟수 チェック！ ☑☐☐☐☐☐

🎤 밑줄 친 부분을 주어진 단어로 바꿔 말해 보세요.

例 **パンやで はたらいて** 빵집에서 일하고

➡ **いまは パンやで はたらいて**ます。

지금은 빵집에서 일하고 있어요.

① **ぎんこうに つとめて**　은행에 근무하고

② **ひとりぐらしを して**　자취생활을 하고

③ **えいごを おしえて**　영어를 가르치고

④ **びょういんに かよって**　병원에 다니고(통원치료하고)

😀 **몰랐어요!**

일본어로 '병원에 다니고 있어요' 표현은?
- 病院に 通ってます。 병원에 다니고 있어요. ➡ 환자(○) / 병원 근무자(×)

  ＊ 通う(다니다)는 자신의 직업과 함께 사용할 수 없어요.
- 病院で 働いてます。 병원에서 일하고 있어요.
- 病院に 勤めてます。 병원에 근무하고 있어요.

ふくが よく にあってます。

옷이 잘 어울려요.

상대방이 잘 어울리는 옷을 입었을 때, '참 잘 어울려요~'라고 말해 보세요.
'잘 어울려요'는 'よく にあって います'인데, 회화에서는 'い'를 생략하고 'よく にあって ます'라고 합니다. '〜てます'는 '동작 / 반복적인 일'뿐만 아니라, '상태'를 나타낼 때도 사용합니다.

수진 やまださんは ほんとうに よく にあってます。
야마다 씨는 정말 잘 어울려요.

야마다 ほんとうですか。
정말요?

きょうは なんでも わたしが おごります。
오늘은 뭐든지 제가 한턱 낼게요.

ほんとうに 정말로 | きょう 오늘 | なんでも 뭐든지 (다) | わたし 나, 저 | おごります 한턱 낼게요

🔊 표현을 듣고 반복해서 따라 해 보세요.

- **ふくが よく にあってます。** 옷이 잘 어울려요.
  😊 반복 횟수 チェック! ☑☐☐☐☐☐

- **サングラスが よく にあってます。** 선글라스가 잘 어울려요.
  😊 반복 횟수 チェック! ☑☐☐☐☐☐

🎤 밑줄 친 부분을 주어진 단어로 바꿔 말해 보세요.

예 **かみがたが** 헤어스타일이

➡ **かみがたが よく にあってます。** 헤어스타일이 잘 어울려요.

❶ くつが 구두가　　　　❷ うでどけいが 손목시계가

❸ スーツが 정장이　　　　❹ なんでも 뭐든지

❺ ふたりとも 두 사람 다　　❻ だれにでも 누구라도

😀 몰랐어요!

일본어로 '잘 어울려요'의 응용 표현은?
- 二人とも、よく似合ってますね。 두 사람 다, 잘 어울리네요.
  (두 사람 모두 같은 물건이 잘 어울릴 때)
- 二人は お似合いですね。 두 사람은 잘 어울리네요.
  (잘 어울리는 커플일 때)

ぼうしを かぶってる ひと。

모자를 쓰고 있는 사람.

많은 사람들 사이에서 친구를 찾고 있습니다. "너 어딨어?" "난 지금 횡단보도 앞에, 빨간 야구모자 쓰고 있어." 여기서 '모자를 쓰고 있어'는 지금 모자를 머리에 얹고 있는 '동작'이 아니라, 착용하고 있는 '상태'를 말합니다.

착용의 상태인 '~하고 있는 사람'은 '〜てる ひと'인데, '〜てます'의 반말 표현이 '〜てる' 입니다.

Tip 동사 '〜て 〈접속형〉 (~하고 / ~해서 / ~해)'

수진 けんたさんは どの ひとですか。
겐타 씨는 어떤 사람이에요?

기무라 あの やきゅうぼうを かぶってる ひとです。
저쪽에 야구 모자를 쓰고 있는 사람이에요.

수진 あー！あの ダウンジャケットを きてる ひとですか。
아~! 저쪽에 패딩을 입고 있는 사람이요?

오늘의 단어

どの ひと 어느 사람, 어떤 사람 ㅣ あの 저, 저쪽의 ㅣ やきゅうぼう 야구모자 ㅣ かぶって 쓰고, 써서, 써 ㅣ ダウンジャケット 패딩, 겨울 파카 ㅣ きて 입고, 입어서, 입어

🔊 표현을 듣고 반복해서 따라 해 보세요.

・ かわいい ぼうしを かぶってる ひとです。

귀여운 모자를 쓰고 있는 사람이에요.

☺ 반복 횟수 チェック！ ☑□□□□□

・ やきゅうぼうを かぶってる ひとです。

야구모자를 쓰고 있는 사람이에요.

☺ 반복 횟수 チェック！ ☑□□□□□

🎤 밑줄 친 부분을 주어진 단어로 바꿔 말해 보세요.

예 <u>セーター</u> / <u>きて</u>   스웨터 / 입고

➡ <u>セーター</u>を <u>きて</u>る ひとです。

<u>스웨터</u>를 <u>입고</u> 있는 사람이에요.

① <u>パーカー</u> / <u>きて</u>   후드티(모자가 달린 티셔츠) / 입고
② <u>パンツ</u> / <u>はいて</u>   팬츠(바지) / 입고
③ <u>スカート</u> / <u>はいて</u>   스커트 / 입고
④ <u>メガネ</u> / <u>かけて</u>   안경 / 쓰고

 몰랐어요!

일본어로 '입고 있어요' 표현은?
・ 着てます   (상의) 입고 있어요
・ 履いてます   (하의) 입고 있어요 / (신발, 양말 등) 신고 있어요

Day 69

まどが あけて あります。

창문이 열려 있어요.

지금 여러분의 방 상태를 설명해 보세요. 오늘은 날씨가 좋아서 창문을 열어놓았기 때문에 '창문이 열려 있어요'. 문은 잘 닫고 와서 '문이 닫혀 있어요'. '방 벽에는 아이돌 포스터가 붙여져 있고, 그 옆에는 시계가 걸려 있어요'.

'~이(가) ~해져 있어요(상태)'는 '〜が 〜て あります'인데, 상태 중에서도 의도적인 상태(일부러 그렇게 해 놓은 상태)를 표현할 때 사용합니다.

Tip 동사 '〜て〈접속형〉(~하고 / ~해서 / ~해)'

수진   げんかんの ドアが あけて ありますから、どうぞ はいって ください。
현관문이 열려 있으니까, 그냥 들어와요.

스즈키 びっくりした。なんで げんかんに
くまの ぬいぐるみが かけて ありますか。
깜짝이야. 왜 현관에 곰 인형이 걸려 있어요?

수진   みんなを びっくり させる ために、
げんかんに かけました。
모두를 깜짝 놀라게 하려고, 현관에 걸었어요.

오늘의 단어

げんかん 현관 ┃ ドア 문 ┃ あけて 열고, 열어서, 열어 ┃ 〜から ~이니까, ~이기 때문에 ┃
どうぞ 부디, 사양 말고(권유 표현) ┃ はいって 들어오고, 들어와서, 들어와 ┃ びっくりした 깜짝 놀랐다 ┃
なんで 왜 ┃ くま 곰 ┃ ぬいぐるみ 봉제 인형 ┃ かけて 걸고, 걸어서, 걸어 ┃ みんな 모두 ┃
させる ために 하게 하려고, 하게 하기 위해 ┃ かけました 걸었어요

- **まどが あけて あります。** 창문이 열려 있어요.
  😊 반복 횟수 チェック！ ☑☐☐☐☐☐

- **ドアが しめて あります。** 문이 닫혀 있어요.
  😊 반복 횟수 チェック！ ☑☐☐☐☐☐

🎤 밑줄 친 부분을 주어진 단어로 바꿔 말해 보세요.

 テーブルに ざっし / だして 테이블에 잡지 / 꺼내

→ **テーブルに ざっしが だして あります。**
테이블에 잡지가 꺼내져 있어요.

1 スタンド / つけて　　　　스탠드 / 켜

2 エアコン / けして　　　　에어컨 / 꺼

3 かべに とけい / かけて　　벽에 시계 / 걸려

4 アイドルの ポスター / はって　아이돌 포스터 / 붙여

😃 **몰랐어요!**

일본어로 '인형, 장난감' 표현은?
- 人形 인형
- フィギュア 피겨(Figure)
- ぬいぐるみ (안에 솜이 들어있는) 봉제 인형

- おもちゃ 장난감
- 玩具 완구

Day 70

だしといたから、
たべてね。

꺼내놨으니까, 먹어.

학창 시절 학교에 다녀오면, '테이블 위에 빵 꺼내놨으니까 먹어'라는 말을 자주 듣곤 했습니다. '~해 놨으니까'는 '〜そ + といたから'인데, '〜といた'는 'て おいた'의 회화 표현입니다. 참고로 'パン(빵)'의 발음은 [빵]이 아니라, 두 박자로 [팡-].

Tip 동사 '〜て 〈접속형〉(~하고 / ~해서 / ~해)'

수진 **おかあさん！ただいま。**
엄마! 다녀왔습니다.

엄마 **おかえり！テーブルの うえに パン だしといたから、たべてね。**
어서 와! 테이블 위에 빵 꺼내놨으니까, 먹어.

수진 **おかあさん！ミルクは？**
엄마! 우유는?

엄마 **きのう かっといたから、**
れいぞうこの なかに あるよ。
어제 사놨으니까, 냉장고 안에 있어.

오늘의 단어

おかあさん 엄마 ｜ ただいま 다녀왔습니다 ｜ おかえり 어서 와, 잘 다녀왔어 ｜
テーブルの うえ 테이블 위 ｜ パン 빵 ｜ だして 꺼내고, 꺼내서, 꺼내 ｜ たべて 먹고, 먹어서, 먹어 ｜
ミルク 우유 ｜ きのう 어제 ｜ かって 사고, 사서, 사 ｜ れいぞうこの なか 냉장고 안 ｜ あるよ 있어

🔊 표현을 듣고 반복해서 따라 해 보세요.

- **パン だし といた から、たべて ね。** 빵 꺼내놨으니까, 먹어.

  😊 반복 횟수 チェック! ☑☐☐☐☐☐

- **テーブル の うえ に パン だし といた から、たべて ね。**

  테이블 위에 빵 꺼내놨으니까, 먹어.

  😊 반복 횟수 チェック! ☑☐☐☐☐☐

🎤 밑줄 친 부분을 주어진 단어로 바꿔 말해 보세요.

예 **ほん / かって / よんで** 책 / 사 / 읽어

→ **<u>ほん</u> <u>かっ</u>といたから、<u>よんで</u>ね。** 책 사놨으니까, 읽어.

❶ **ドア / あけて / はやく きて**　　　　　문 / 열어 / 빨리 와

❷ **テレビ / つけて / みて**　　　　　　　TV / 켜 / 봐

❸ **でんき / つけて / あとで けして**　　　불 / 켜 / 나중에 꺼

❹ **おゆ / わかして / カップに そそいで**　뜨거운 물 / 끓여 / 컵에 따라

몰랐어요!

일본어로 '~해 놨으니까, 먹어'의 정중한 표현은?

- **~て ありますから、どうぞ**

  예 빵 꺼내놨으니까, 드세요. **パン 出して ありますから、どうぞ。**

  우유 꺼내놨으니까, 드세요. **ミルク 出して ありますから、どうぞ。**

  TV 켜놨으니까, 보세요. **テレビ つけて ありますから、どうぞ。**

  물 끓여놨으니까, 컵에 따르세요. **お湯 沸かして ありますから、カップに どうぞ。**

안에 알맞은 표현을 넣어 보세요.

1 내가 모리 씨에게 <u>줬어요</u>.

わたしが もりさんに ⬚⬚⬚⬚⬚⬚⬚⬚。

2 내가 짐을 <u>들어 줬어요</u>.

わたしが にもつを ⬚⬚⬚⬚⬚⬚⬚⬚⬚⬚。

3 잠시 생각해 <u>볼게요</u>.

すこし かんがえて ⬚⬚⬚⬚⬚⬚。

4 <u>좋은지 어떤지</u> 시험해 볼게요.

⬚⬚⬚⬚⬚⬚⬚⬚⬚ ためして みます。

5 지금 친구와 수다 <u>떨고 있어요</u>.

いま ともだちと おしゃべり ⬚⬚⬚⬚⬚⬚。

6 지금은 빵집에서 <u>일하고 있어요</u>.

いまは パンやで ⬚⬚⬚⬚⬚⬚⬚ます。

7 옷이 잘 <u>어울려요</u>.

ふくが よく ⬚⬚⬚⬚⬚⬚⬚⬚。

8 귀여운 모자를 <u>쓰고 있는</u> 사람이에요.

かわいい ぼうしを ⬚⬚⬚⬚⬚⬚⬚ ひとです。

9 창문이 <u>열려 있어요</u>.

まどが あけて ⬚⬚⬚⬚⬚⬚。

10 빵 <u>꺼내놨으니까</u>, 먹어.

パン だし ⬚⬚⬚⬚⬚⬚、たべてね。

상미기한? 유통기한?

賞味期限
しょう み き げん

우리나라에서는 '유통기한'이라는 표현을 사용하지만, 일본에서는 '賞味期限(상미기한)'과 '消費期限(소비기한)'이라는 표현을 사용해요. 우리나라의 '유통기한'은 일본의 '소비기한'과 같아요. 그럼, '상미기한'은 뭘까요~?

1. 소비기한

- 식품을 제조하고 유통될 수 있는 최종 시한.
- 기한을 넘긴 식품은 안전상 먹지 않는 것이 좋아요.

예 빵, 케이크, 고기, 생선, 도시락 등 빨리 상하는 음식.

2. 상미기한

- 식품이 가장 맛있는 기간.
- 기한을 넘겨서 먹어도 큰 문제는 없어요.

예 인스턴트 식품, 캔, 페트병, 과자 등 보존기간이 긴 식품.

* 일본어로 '빨리 상해요' 표현은? ➤ 腐りやすいです = 足が早いです
くさ　　　　　　　　　　　　　　あし はや

やっと みつかった。

드디어 찾았다(발견되었다).

홍대 맛집을 인터넷에서 '찾아봤다(しらべた)'. 그리고 홍대에 갔는데, 너무 복잡해서 계속 길을 헤매며 '찾아다녔지(さがした)'. 그러다 드디어 1시간 만에 가게 입구'를 찾았어 (〜が みつかった)'.

우리말로는 전부 '찾았다'이지만, 일본어로는 각각 다른 단어들을 사용합니다.

'~했다'는 '〜た'입니다.

Tip [동사] '〜た 〈과거형〉 (~했다 / ~한)'

수진 **いままで どこに いたの？ずっと さがしたよ。**
지금까지 어디 있었어? 계속 찾았잖아.

기무라 **そう？わたし さっきから ずっと ここに いたのに。**
그래? 난 아까부터 계속 여기 있었는데.

수진 **みんな ここだよ！きむらさんが みつかった！**
다들 여기야! 기무라 씨를 찾았어!

오늘의 단어

いままで 지금까지 | どこに 어디에 | いたの 있었던 거야 | ずっと 계속, 쭉 |
さがした 찾았다(찾는 행위), 찾은 | そう 그래 | わたし 나, 저 | さっきから 아까부터 |
ここに 여기에 | 〜のに ~인데 | みんな 모두, 다들 |
〜が みつかった ~을(를) 찾았다(찾은 결과), ~을(를) 찾은

🔊 **표현을 듣고 반복해서 따라 해 보세요.**

- **やっと かばんが みつかった。** 드디어 가방을 찾았다.

  😊 **반복 횟수 チェック!** ✓☐☐☐☐☐

- **やっと なくなった かばんが みつかった。**

  드디어 잃어버린 가방을 찾았다.

  😊 **반복 횟수 チェック!** ✓☐☐☐☐☐

🎤 **밑줄 친 부분을 주어진 단어로 바꿔 말해 보세요.**

(예) **ずっと / さがした** 계속(쭉) / 찾았다

→ **ずっと さがした。** 계속 찾았다(지금도 찾고 있어).

① **ずっと / わすれものを さがした** 계속 / 분실물을 찾았다

② **きちんと / しらべた** 정확히 / 찾았다(조사했다)

③ **ちゃんと / しりょうを しらべた** 제대로 / 자료를 찾았다

④ **ぎんこうで / おかねを おろした** 은행에서 / 돈을 찾았다

😜 **몰랐어요!**

일본어로 '찾았다' 표현은?
- 探した (눈에 보이지 않는 것을) 찾고 있는 행위
- 見つかった (눈에 보이지 않는 것을) 찾은 결과
- 調べた (많은 자료 중에 필요한 것을) 조사했다

(예) 잃어버린 책을 계속 ①찾았는데, 드디어 창고에서 ②찾았다.

내 적성에 맞는 학과를 인터넷에서 ③찾아봤는데, 드디어 ④찾았어.

① 探した ② 見つかった ③ 調べた ④ 見つかった

Day 72

たくはい ピザ、 とどいた？

배달시킨 피자 왔어?

'배달시킨 피자 왔어?'라는 표현은 일본어로 뭘까요? 요리 배달의 경우는 '배달(はいたつ)'이라 하지 않고 '택배(たくはい)'라고 합니다. 배달한 물건이 왔을 때, '왔어(きた)'라고도 하지만, '배달됐어(とどいた)'라는 표현을 많이 사용합니다.
'~했어?'는 '〜た？'입니다.

Tip 동사 '〜た〈과거형〉(~했다 / ~한)'

수진　**たくはい ピザ、なんで たのんだの？**
　　　배달시킨 피자, 왜 주문했어?

엄마　**さっき、きゅうに ピザが たべたく なって。**
　　　아까, 갑자기 피자가 먹고 싶어져서.

수진　**とどいた？**
　　　왔어?

엄마　**まだ、なにも とどいて ないよ。**
　　　아직, 아무것도 안 왔어.

오늘의 단어

たくはい ピザ 배달 피자 ｜ なんで 왜 ｜ たのんだ 부탁했다, 주문했다 ｜ 〜の ~한 거야 ｜
さっき 아까, 방금 전 ｜ きゅうに 갑자기 ｜ たべたく なって 먹고 싶어져서 ｜ とどいた 배달됐다 ｜
まだ 아직 ｜ なにも 아무것도 ｜ とどいて ない 배달되지 않고 있어

- **デリバリー ピザ、とどいた？** 배달시킨 피자, 왔어?

  ☺반복 횟수 チェック！ ☑☐☐☐☐☐

- **たのんだ ピザ、とどいた？** 주문한 피자, 왔어?

  ☺반복 횟수 チェック！ ☑☐☐☐☐☐

🎙 밑줄 친 부분을 주어진 단어로 바꿔 말해 보세요.

예 やまださん / きた 야마다 씨 / 왔다

　➡ **やまださん、もう きた？** 야마다 씨, 벌써 왔어?

① アドバイス / せんせいに たのんだ　충고 / 선생님에게 부탁했다

② すし / みせに たのんだ　스시 / 가게에 주문했다

③ おかね / だした　돈 / 냈다

④ おかね / せんえんずつ だした　돈 / 1,000엔씩 냈다

몰랐어요!

일본어로 '음식 배달' 표현은?

- **デリバリー**　모든 음식 배달
- **宅配**(たくはい)　음식 배달을 전문으로 하는 가게의 경우
- **出前**(でまえ)　음식 판매와 배달을 둘 다 하는 가게의 경우 (주로 일본요리에서 많이 사용)
- **配達**(はいたつ)　요리를 제외한 배달　예 우유 배달 등

Day 73

のった ことが あります。

탄 적이 있어요.

여러분은 버스를 타고 졸다가 종점까지 가본 적이 있나요? 지하철 안에서 이상한 사람을 만난 적이 있나요? 다양한 경험과 해프닝이 우리의 인생을 더욱더 풍요롭게 만드는 것 같습니다.

'~한 적이 있어요(경험)'는 '〜た ことが あります'입니다.

Tip 동사 '〜た 〈과거형〉(~했다 / ~한)'

수진 いねむり して しゅうてんまで のりすごした ことが ありますか。
졸다가 종점까지 지나쳐간 적이 있나요?

사토 あります。スジンさんも ありますか。
있어요. 수진 씨도 있나요?

수진 いねむり して、しゅうてんに ついた でんしゃが
また しゅっぱつして もどってきた ことが あります。
졸다가, 종점에 도착한 전철이 다시 출발하여 돌아온 적이 있어요.

오늘의 단어

いねむり 졸음 | して 하고, 해서, 해 | しゅうてん 종점 | のりすごした 지나쳐갔다 |
ついた 도착했다, 도착한 | でんしゃ 전철 | また 또, 다시 | しゅっぱつ 출발 |
もどって きた 돌아왔다

표현을 듣고 반복해서 따라 해 보세요.

- **にほんで バスに のった ことが あります。**

  일본에서 버스를 탄 적이 있어요.

  😊 **반복 횟수 チェック！** ☑☐☐☐☐☐

- **まんいん でんしゃに のった ことが あります。**

  만원 전철을 탄 적이 있어요.

  😊 **반복 횟수 チェック！** ☑☐☐☐☐☐

🎤 **밑줄 친 부분을 주어진 단어로 바꿔 말해 보세요.**

예 **しゅうてんまで / のりすごした** 종점까지 / 지나쳐갔다

➡ **しゅうてんまで のりすごした ことが あります。**

종점까지 지나쳐간 적이 있어요.

① **へんな ひとを / みた**   이상한 사람을 / 봤다

② **バスの なかで / いねむり した**   버스 안에서 / 졸았다

③ **バスの なかで / ないた**   버스 안에서 / 울었다

④ **だれも いない バスに / のった**   아무도 없는 버스를 / 탔다

😀 **몰랐어요!**

일본어로 '지나쳐갔다' 표현은?

- 乗り過ごした   (무의식적으로, 실수로) 지나쳐갔다
- 乗り越した   (의식적으로, 일부러) 지나쳐갔다

  예 졸다가 내릴 역을 지나쳐갔어.   ➡ 乗り過ごした

  오늘은 약속 때문에, 내릴 역을 지나쳐 약속장소로 갔어. ➡ 乗り越した

ふった ことが ありません。

(먼저) 헤어지자고 한 적이 없어요. / 찬 적이 없어요.

여러분은 애인을 찬 적이 많나요? 아님 차인 적이 많나요? 둘 다 좋은 경험은 아니지만, 차였을 때의 슬픔은 쉽사리 극복되지 않을 것 같습니다. 차이지 않기 위해서는 이런 방법도 있겠네요. 'ふられる まえに ふった ことが あります!(차이기 전에 차 본 적이 있어요!)'
'~한 적이 없어요(경험)'는 '～た ことが ありません'입니다.

Tip 동사 '～た〈과거형〉(~했다 / ~한)'

수진 こいびとを ふった ことが ありますか。
애인을 찬 적이 있나요?

사토 ありません。だれかと つきあった ことが ありません。
없어요. 누군가와 사귄 적이 없어요.

수진 それじゃ ふられた ことも ありませんね。
그럼 차인 적도 없군요.

しあわせな じんせいですね。
행복한 인생이에요.

오늘의 단어

こいびと 애인 | ふった 찼다(거절했다), 찬 | だれかと 누군가와 | つきあった 사귀었다, 사귄 |
それじゃ 그럼 | ふられた 차였다(거절당했다), 차인 | ～も ~도 | しあわせな 행복한 |
じんせい 인생

- **こいびとを ふった ことが ありません。** 애인을 찬 적이 없어요.
  😊 반복 횟수 チェック！ ☑☐☐☐☐☐

- **じぶんから ふった ことが ありません。**

  내가 먼저 찬 적이 없어요.

  😊 반복 횟수 チェック！ ☑☐☐☐☐☐

🎤 밑줄 친 부분을 주어진 단어로 바꿔 말해 보세요.

예 **こいびとに / ふられた** 애인에게 / 차였다

➡ **こいびとに ふられた ことが ありません。**

애인에게 차인 적이 없어요.

① **だれかと / つきあった** 누군가와 / 사귀었다

② **れんあいを / した** 연애를 / 했다

③ **バイクに / のった** 오토바이크를 / 탔다

④ **スノーボードを / した** 스노보드를 / 탔다

 몰랐어요!

일본어로 '~탔다' 표현은?

- **～に 乗った** (교통수단)을 탔다

  단, '스키'나 '스노보드'는 함께 사용하지 않습니다. (대신 '~을 した'를 사용)

  예 스키를 탔다. **スキーに 乗った。**(×)   **スキーを した。**(○)

くすり、
のんだ ほうが いい。

약, 먹는 편이 좋겠어.

환절기에는 감기에 걸린 친구가 많습니다. 빨리 감기가 나으려면 어떤 방법이 있을까요?
'약을 먹는 편이 좋겠어요.' '빨리 병원에 가는 편이 좋겠어요.' 자신의 지식을 총동원하여
어드바이스를 해 볼까요?
'~하는 편이 좋겠어요(어드바이스)'는 '〜た ほうが いいですよ'입니다.

Tip 동사 '〜た'는 원래 〈과거형〉이지만, 여기서는 과거형으로 해석하지 않습니다.

다나카 かぜを ひきました。ゴホゴホ。
감기에 걸렸어요, 콜록콜록.

수진 かぜの ときは しょうちゅうを のんだ ほうが いいですよ。
감기일 때는 소주를 마시는 편이 좋아요.

다나카 はい? おさけを のめって いうんですか。
네? 술을 마시라고요?

수진 おさけは アルコールですから、
しょうどく して くれるんです。
술은 알코올이니까 소독해 주어요.

오늘의 단어

かぜを ひきました 감기에 걸렸어요 | ゴホゴホ 콜록콜록(기침 소리) | とき 때 | しょうちゅう 소주 |
のんだ 마셨다, 마신 | おさけ 술 | のめ 마셔라 | 〜って いうんですか ~라고 하는 거예요 |
アルコール 알코올 | 〜ですから ~이니까, ~이기 때문에 | しょうどく 소독 |
して くれるんです ~해 줘요

- **くすりを のんだ ほうが いいですよ。** 약을 먹는 편이 좋겠어요.

  ☺ 반복 횟수 チェック！ ☑☐☐☐☐☐

- **ビタミンCを のんだ ほうが いいですよ。**

  비타민 C를 먹는 편이 좋겠어요.

  ☺ 반복 횟수 チェック！ ☑☐☐☐☐☐

🎙 밑줄 친 부분을 주어진 단어로 바꿔 말해 보세요.

 ゆっくり / やすんだ 푹 / 쉬었다

➜ **ゆっくり やすんだ ほうが いいですよ。**

   푹 쉬는 편이 좋아요.

❶ **ちゃんと / ねた**   푹 (제대로) / 잤다

❷ **からだを / あたためた**   몸을 / 따뜻하게 했다

❸ **しおみずで / うがいを した**   소금물로 / 가글을 했다

❹ **はやく / びょういんに いった**   빨리 / 병원에 갔다

😀 **몰랐어요!**

일본어로 '감기' 표현은?
- **風邪**（かぜ）   감기
- **インフルエンザ**   독감

たまには
ないた ほうが いい。

가끔은 우는 것이 좋아.

여러분은 스트레스가 쌓였을 때, 어떤 방법으로 스트레스를 해소하나요? 저는 좋아하는 샤워를 하면서 중얼중얼 혼잣말도 하고, 노래도 부르면서 스트레스를 풉니다. 또 다른 좋은 스트레스 해소법이 있는지 궁금하네요. 어드바이스해 주세요.

Tip (동사) '～た'는 원래 〈과거형〉이지만, 여기서는 과거형으로 해석하지 않습니다.

수진　わたし、ちょっと シャワーを あびて きます。
　　　나, 잠시 샤워를 하고 올게요.

다나카　なんで きゅうに。
　　　왜 갑자기?

수진　いま、ストレスが たまってますから。
　　　지금, 스트레스가 쌓여 있으니까요.

다나카　また、シャワーを あびながら、
　　　ロックを うたうんですか。
　　　또, 샤워를 하면서, 록 음악을 부를 건가요?

오늘의 단어

ちょっと 잠시 ｜ シャワーを あびて 샤워를 하고 ｜ きます 와요, 올 거예요, 오겠어요 ｜ なんで 왜 ｜
きゅうに 갑자기 ｜ いま 지금 ｜ ストレス 스트레스 ｜ たまってます 쌓여 있어요 ｜
～から ~이니까, ~이기 때문에 ｜ また 또 ｜ ～ながら ~하면서 ｜ ロック 록 음악 ｜
うたうんです (노래) 불러요

🔊 **표현을 듣고 반복해서 따라 해 보세요.**

- **たまには ないた ほうが いいですよ。** 가끔은 우는 것이 좋아요.

  ☺ **반복 횟수 チェック！** ☑️☐☐☐☐☐

- **おもいきり ないた ほうが いいですよ。**

  맘껏 우는 편이 좋아요.

  ☺ **반복 횟수 チェック！** ☑️☐☐☐☐☐

🎤 **밑줄 친 부분을 주어진 단어로 바꿔 말해 보세요.**

 おおごえを だした 큰 소리를 냈다

➡ **ストレスが たまってる ときは、
おおごえを だした ほうが いいですよ。**

스트레스가 쌓여있을 때는, 큰 소리를 내는 편이 좋아요.

❶ **ぼーっと した** 멍하니 있었다

❷ **ガムを かんだ** 껌을 씹었다

❸ **からだを うごかした** 몸을 움직였다

❹ **よく わらった** 자주 웃었다

😛 **몰랐어요!**

일본어로 '스트레스를 풀었어' 표현은?
- **ストレスを 解消した。** 스트레스를 해소했어.
  かいしょう
- **ストレスを 発散した。** 스트레스를 발산했어.
  はっさん
- **リラックス できた。** 릴랙스했어.

がめんが かたまった ままです。

화면이 멈춘 채로예요.

멈춘 채로 빙글빙글 돌고 있는 컴퓨터의 화면! 멈춘 채 내려오지 않는 엘리베이터! 멈춘 채로 움직이지 않는 도로의 자동차! 움직여야 하는 것들이 멈춰있을 때, 우리는 갑갑함을 느낍니다. 멈춰있는 것들과 함께 멈출 수 없는 우리의 삶 때문이겠지요.

'~한 채로(그대로)예요'는 '〜た ままです'입니다.

Tip (동사) '〜た〈과거형〉(~했다 / ~한)'

다나카 エレベーターが とまった ままですね。

엘리베이터가 멈춘 채로예요.

수진 じゃ、エスカレーターで いきましょうか。

그럼 에스컬레이터로 갈까요?

다나카 エスカレーターは せんしゅうから
こわれた ままです。

에스컬레이터는 지난주부터 고장 난 채로예요.

수진 もうー！ いらいら する。

아 진짜~! 짜증 나.

오늘의 단어

エレベーター 엘리베이터 | とまった 멈췄다 | じゃ 그럼 | エスカレーター 에스컬레이터 |
いきましょうか 갈까요? | せんしゅう 지난주 | 〜から ~부터 | こわれた 망가졌다, 고장 났다 |
もう (감정이 격앙되었을 때 사용하는 감탄사) | いらいら する 짜증 나

- **がめんが かたまった まま です。** 화면이 멈춘 채(그대로)예요.
  ☺ 반복 횟수 チェック！ ☑☐☐☐☐☐

- **パソコンの がめんが かたまった まま です。**
  컴퓨터의 화면이 멈춘 채(그대로)예요.
  ☺ 반복 횟수 チェック！ ☑☐☐☐☐☐

🎤 밑줄 친 부분을 주어진 단어로 바꿔 말해 보세요.

예 **テレビの でんげん / ついた** TV 전원 / 켜졌다
  ➡ <u>テレビの でんげんが ついた</u> ままです。
  TV 전원이 켜진 채로예요.

❶ **じはんき / こわれた** 자판기 / 고장 났다

❷ **みせ / しまった** 가게 / 닫혔다

❸ **ほとんどの みせ / あいた** 대부분의 가게 / 열렸다

❹ **せんめんだいに みず / たまった** 세면대에 물 / 막혔다

😛 **몰랐어요!**

'명사 + の まま(~인 그대로, ~인 채로)'를 사용한 표현은?

- **この まま** 이대로
- **昔の まま** 옛날 그대로
- **無関心の まま** 무관심한 채로
- **その まま** 그대로
- **生の まま** 날 것 그대로(끓이지 않고)
- **思いの まま** 생각대로

バスで たった まま、ねてます。

버스에서 선 채로, 자고 있어요.

여러분은 버스나 지하철 안에서 선 채로, 뭘 할 수 있나요? 저는 졸기도 하고, 드라마를 보기도 하고, 음악을 듣기도 합니다. 물론 지하철 안에서 선 채로, 컵라면을 먹을 수도 있겠지만, 그건 안 하렵니다.

'~한 채로, ~하고 있어요'는 '～た まま、〜てます'입니다.

Tip 동사 '～た 〈과거형〉 (~했다 / ~한)'

동사 '～て 〈접속형〉 (~하고 / ~해서 / ~해)'

수진 **あの ひと、バスで たった まま、いねむり してますよ。**
저 사람, 버스에서 선 채로, 졸고 있어요.

사토 **あの ひとは まどを あけた まま、**
おおきい こえで でんわしてますよ。
저 사람은 창문을 연 채로, 큰 소리로 전화하고 있어요.

수진 **まどを しめれば、もっと よく きこえるのに。**
창문을 닫으면, 더 잘 들릴 텐데.

오늘의 단어

あの ひと 저 사람 | バス 버스 | たった 섰다, 선 | いねむり して 졸고, 졸아서, 졸아 | まど 창문 | あけた 열었다, 연 | おおきい こえ 큰 소리 | でんわして 전화하고, 전화해서, 전화해 | しめれば 닫으면 | もっと 더, 더욱더 | よく 잘 | きこえる 들리다 | ～のに ~인데

🔊 **표현을 듣고 반복해서 따라 해 보세요.**

• バスで たった まま、ねてます。 버스에서 선 채로, 자고 있어요.
  ☺ 반복 횟수 チェック！ ☑☐☐☐☐☐

• バスで たった まま、いねむりを してます。
  버스에서 선 채로, 졸고 있어요.
  ☺ 반복 횟수 チェック！ ☑☐☐☐☐☐

🎤 **밑줄 친 부분을 주어진 단어로 바꿔 말해 보세요.**

 くつを はいた / へやに はいって 구두를 신은 / 방에 들어가고
  ➡ くつを はいた まま、へやに はいってます。
    구두를 신은 채로, 방에 들어가고 있어요.

① いすに すわった / ストレッチして　의자에 앉은 / 스트레칭 하고
② コンタクトを つけた / ねて　렌즈를 낀 / 자고
③ くるまに カギを おいた / いって　차에 키를 둔 / 가고
④ サングラスを かけた / しょくじして　선글라스를 낀 / 식사하고

😊 **몰랐어요!**

일본어로 '콘택트렌즈' 표현은?
• コンタクトレンズ　콘택트렌즈
• コンタクト　　　　렌즈(콘택트렌즈의 준말)
＊ レンズ　렌즈(카메라의 렌즈, 안경 렌즈)

あとで コツを おしえます。

나중에 요령(급소)을 알려줄게요.

여러분은 나중에 하려고 미뤄둔 일들이 있나요? 나중에 보려고 놔둔 책, 나중에 하려고
놔둔 공부, 나중에 살 빼고 입으려고 놔둔 옷. '나중에, 후에'는 '**あとで**'입니다.
'**コツ**(요령)'의 한자는 骨(뼈 '골')인데, 몸의 중심이 되는 뼈대는 몸을 지탱하는 역할을 하
므로 일의 핵심인 '요령'으로 해석합니다. 참고로 '요령을 터득하다'는 '**コツを つかむ**'입
니다.

Tip 〔동사〕 '~**ます** 〈정중형〉 (~해요 / ~할 거예요 / ~하겠어요)'

다나카 **りょうりの コツを おしえて ください。**
요리의 요령을 알려주세요.

수진 **あとで、おしえます。**
나중에 알려줄게요.

다나카 **あとって、いつですか。**
나중이라는 건 언제인가요?

수진 **わたしが さきに じょうずに なってから、
おしえます。**
내가 먼저 잘하게 되고 나서, 알려줄게요.

오늘의 단어

りょうり 요리 | **コツ** 요령, 급소 | **おしえて** 가르쳐주고, 가르쳐줘서, 가르쳐 | **~って** ~라는 건 |
いつ 언제 | **わたし** 나, 저 | **さきに** 먼저 | **じょうずだ** 잘하다, 능숙하다 |
~に なってから ~하게 되고 나서

· **あとで コツを おしえます。** 나중에 요령(급소)을 알려줄게요.

☺ 반복 횟수 チェック！ ☑☐☐☐☐☐

· **あとで りょうりの コツを おしえます。**

나중에 요리의 요령을 알려줄게요.

☺ 반복 횟수 チェック！ ☑☐☐☐☐☐

🎤 밑줄 친 부분을 주어진 단어로 바꿔 말해 보세요.

 えいかいわ 영어 회화

➡ **あとで えいかいわの コツを おしえます。**

나중에 영어 회화(의) 요령을 알려줄게요.

① **れんあい** 연애

② **いご** 바둑

③ **こそだて** 육아

④ **プレゼン** 프레젠테이션(プレゼンテーション의 준말)

😲 **몰랐어요!**

'コツ'와 비슷한 표현은?

· **コツ** 요령, 요점, 급소
· **秘訣** 비결
  ひ けつ
· **ノウハウ** 노하우

Day 80

おわった あとで、します。

끝난 후에, 할게요(할 거예요).

여러분은 평일 저녁 시간을 어떻게 보내고 있나요? 일 또는 학교가 끝난 후에, 낮에는 할
수 없었던 일들을 하겠지요. '~한 후에'는 '~た あとで'입니다.

Tip (동사) '~た 〈과거형〉(~했다 / ~한)'

수진 **きょう じゅぎょうが おわった あとで、なにを しますか。**
오늘 수업이 끝난 후에 뭐 할 거예요?

나카지마 **じゅぎょうが おわった あとで、**
かのじょと いっしょに コンサートに いきます。
수업이 끝난 후에, 여자친구와 함께 콘서트에 갈 거예요.

수진 **じゅぎょうが おわった あとで、デート！**
いいですね。
수업이 끝난 후에, 데이트! 좋네요.

나카지마 **デートを した あとで、プロポーズ します。**
데이트한 후에, 프러포즈 할 거예요.

오늘의 단어

きょう 오늘 ｜ じゅぎょう 수업 ｜ なにを 무엇을, 뭘 ｜ します 해요, 할 거예요, 하겠어요 ｜
かのじょ 여자 친구, 그녀 ｜ いっしょに 함께, 같이 ｜ コンサート 콘서트 ｜
いきます 가요, 갈 거예요, 가겠어요 ｜ デート 데이트 ｜ いいですね 좋네요, 좋겠네요 ｜ した 했다, 한 ｜
プロポーズ 프러포즈

🔊 표현을 듣고 반복해서 따라 해 보세요.

・ しごとが おわった あとで、でんわします。

일이 끝난 후에, 전화할게요.

😊 반복 횟수 チェック！ ☑ ☐ ☐ ☐ ☐ ☐

・ しごとが おわった あとで、メールします。

일이 끝난 후에, 메일할게요(보낼게요).

😊 반복 횟수 チェック！ ☑ ☐ ☐ ☐ ☐ ☐

🎤 밑줄 친 부분을 주어진 단어로 바꿔 말해 보세요.

예 がっこう / こうはいに あいます 학교 / 후배를 만나요

➡ がっこうが おわった あとで、
こうはいに あいます。 학교가 끝난 후에, 후배를 만날 거예요.

❶ じゅぎょう / へんじします　　　수업 / 답장해요

❷ バイト / えいがを みます　　　알바(줄임말) / 영화를 봐요

❸ うんどう / ギターを ならいます　　　운동 / 기타를 배워요

❹ けっこんしき / ともだちと のみます 결혼식 / 친구와 마셔요

😃 몰랐어요!

일본어로 '메일했어요' 표현은?

・ メールしました　　= メール 送りました　　메일 보냈어요
・ 返事しました　　= 返信しました　　답장했어요
・ メール 届きました = メール 受け取りました　메일 받았어요

안에 알맞은 표현을 넣어 보세요.

1 드디어 잃어버린 가방을 <u>찾았다</u>.

やっと　なくなった　かばん　　　　　　　　　　　。

2 주문한 피자, <u>왔어?</u>

たのんだ　ピザ、　　　　　　　　　　　　？

3 일본에서 버스를 <u>탄</u> 적이 있어요.

にほんで　バスに　　　　　　　　　ことが　あります。

4 애인을 <u>찬</u> 적이 없어요.

こいびとを　　　　　　　　ことが　ありません。

5 약을 <u>먹는</u> 편이 좋겠어요.

くすりを　　　　　　　　ほうが　いいですよ。

6 <u>맘껏</u> 우는 편이 좋아요.

　　　　　　　　　ないた　ほうが　いいですよ。

7 화면이 멈춘 <u>채예요</u>.

がめんが　かたまった　　　　　　　　。

8 렌즈를 낀 <u>채로</u> 자고 있어요.

コンタクトを　つけた　　　　　　　ねてます。

9 나중에 <u>요령</u>을 알려줄게요.

あとで　　　　　　　を　おしえます。

10 일이 <u>끝난 후에</u>, 전화할게요.

しごとが　　　　　　　　　　　、でんわします。

---

 1 が / みつかった **2** とどいた **3** のった **4** ふった **5** のんだ **6** おもいきり **7** ままです
8 まま **9** コツ **10** おわった あとで

　　　　　　　3D 업종

3K

우리는 힘들고(Difficult), 위험하고(Dangerous), 더러운(Dirty) 업종을 알파벳 첫 글자인 'D'를 따서 '3D 업종'이라고 하지요.

일본에서는

- 힘들다 (きつい[키츠이]),
- 위험하다 (きけん[키켕]),
- 더럽다 (きたない[키타나이])의

히라가나 첫 글자인 き[Ki]를 따서 '3K[상케-]'라고 해요. 보통은 '블루칼라'를 가리킵니다.

예 공사 현장, 청소 관련, 원자력 발전소, 농림수산 관련 노동자 등

그런데, 최근에는 일본에서 '新3K(신 3K)'라는 말이 생겨났어요. '화이트칼라'도 여기에 포함되는 경우가 많아요.

- 폼 안나 (かっこ わるい[칵꼬 와루이]),
- 휴가가 적어 (きゅうかが すくない[큐-까가 스쿠나이]),
- 월급이 낮아 (きゅうりょうが ひくい[큐-료가 히꾸이])의

히라가나 첫 글자인 [K]를 따서 '新3K[신 상케-]'라고 해요.

젊은 세대의 직업상을 알 수 있는 '신 3K'네요.

あきらめないで。

포기하지 마.

일본에서는 '화이팅! 힘내!'라는 응원만큼 많이 사용하는 표현이 '포기하지 마!'입니다. 저는 개인적으로 '포기하지 마! 조금만 참아봐!'라는 말보다 '참지 마! 이제 쉬어!'라는 말을 더 좋아합니다. 그런 말을 들으면, 이상하게 더 참게 되고 힘이 납니다.

'~하지 마'는 '〜ないで'입니다.

Tip (동사) '〜ない 〈부정형〉 (~하지 않아 / 안 ~해 / 안 ~할)'

수진 どうしたの？ひとりで　がまん　しないで。
　　　　무슨 일 있었어? 혼자서 참지 마.

사토 おことばに　あまえて　いうけど、わたしの　おかね　かえして。
　　　　네가 그렇게까지 말하니까 말할게. 내 돈 갚아.

수진 ごめん　いまは　むり。
　　　　미안. 지금은 무리야.

사토 かりた　おかねの　こと、わすれないで。
　　　　네가 빌린 돈(빌린 돈에 관한 것), 잊지 마.

오늘의 단어

どうしたの 무슨 일이야?, 무슨 일 있어? | ひとりで 혼자서 | がまん しない 참지 않아 |
おことばに あまえて (상대가) 그렇게 말해주니 | いうけど 말하는데 | おかね 돈 |
かえして 돌려줘, 갚아 | ごめん 미안 | いま 지금 | むり 무리 | かりた 빌렸다, 빌린 |
〜の こと ~에 관한 것

🔊 표현을 듣고 반복해서 따라 해 보세요.

- **あきらめないで。** 포기하지 마.

  ☺ 반복 횟수 チェック！ ☑☐☐☐☐☐

- **ゆめを あきらめないで。** 꿈을 포기하지 마.

  ☺ 반복 횟수 チェック！ ☑☐☐☐☐☐

🎤 밑줄 친 부분을 주어진 단어로 바꿔 말해 보세요.

예 **ここで / ぼーっと しない** 여기에서 / 멍하니 있지 않아

➡ <u>ここで ぼーっと しない</u>で。 여기에서 멍하니 있지 마.

① **あし / ふまない**　　　　발 / 밟지 않아

② **いたみ / がまん しない**　통증 / 참지 않아

③ **いつも / ふざけない**　　항상 / 장난치지 않아(까불지 않아)

④ **じゅぎょう / サボらない**　수업 / 땡땡이치지 않아

😃 **몰랐어요!**

'お言葉に甘えて'의 의미는?

- **お言葉** 상대의 말
- **甘えて** 응석 부려서

즉, 실례인 것은 알지만, 상대방의 호의를 그냥 받아들여

예 A **どうぞ。最後のパン 召し上がってください。** 자, 마지막 빵 드세요.

B **お言葉に甘えて、いただきます。**
<u>그럼, (그렇게 말씀하시니)</u> 감사히 제가 먹겠습니다.

Day 82

てを
ふれないで ください。

만지지 마세요.

주말에 박물관에 갔습니다. 어떤 할아버지 두 분께서 자신의 모든 지식과 경험을 큰 소리로 이야기하고 계셨어요. 저는 재미있어서 옆에 꼭 붙어 다니며 관람했지만, 다른 관람객 중에는 눈살을 찌푸리며 지나가는 사람도 있었습니다. 박물관이나 전시관에서는 어떤 것들을 하지 말아야 할까요?
'~하지 마요 / ~하지 마세요'는 '〜ないで ください'입니다.

Tip 〔동사〕 '〜ない 〈부정형〉 (~하지 않아 / 안 ~해 / 안 ~할)'

수진 わたしの りょうりに てを ふれないで ください。
　　　　내 요리에 손대지 마요.

사토 しゃしんを とった だけですよ。
　　　　사진을 찍은 것뿐이에요.

수진 しゃしんも とらないで ください。
　　　　사진도 찍지 마요.

사토 けち！
　　　　쩨쩨하기는!

오늘의 단어

りょうり 요리 | てを ふれない 손을 대지 않아, 만지지 않아 | しゃしん 사진 | とった 찍었다, 찍은 | 〜だけ ~만, ~뿐 | とらない 찍지 않아, 안 찍어 | けち 인색함, 쩨쩨함

🔊 표현을 듣고 반복해서 따라 해 보세요.

- **てを ふれないで ください。** 만지지 마세요(손을 대지 마세요).

  ☺ 반복 횟수 チェック！ ☑☐☐☐☐☐

- **さくひんに てを ふれないで ください。**

  작품을 만지지 마세요(작품에 손을 대지 마세요).

  ☺ 반복 횟수 チェック！ ☑☐☐☐☐☐

🎤 밑줄 친 부분을 주어진 단어로 바꿔 말해 보세요.

예 **こちらに / ものを おかない** 여기에 / 물건을 놓지 않아

➡ **こちらに ものを おかないで ください。**

여기에 물건을 놓지 마세요.

① **こちらで / はしらない**　　여기에서 / 달리지 않아

② **こちらに / はいらない**　　여기에 / 들어가지 않아

③ **しゃしんを / とらない**　　사진을 / 찍지 않아

④ **おおきい こえを / ださない**　큰 소리를 / 내지 않아

 몰랐어요!

일본어로 '만지지 마세요' 표현은?

- 触れないで ください。 (의도하지 않았을 때, 살짝 스쳤을 때)
- 触らないで ください。 (의도적으로 만졌을 때)

もたないで、きました。

안 가지고, 왔어요.

아침에 늦잠을 자면, 하루를 망치게 되는 경우가 많습니다. 아침도 못 먹고, 세수도 제대로 안 하고 집을 나오게 되지요.

'~하지 않고, 왔어요 / 안 ~하고, 왔어요'는 '〜ないで、きました'입니다. 참고로 'もたないで、きました(안 가지고, 왔어요)'는 조금이라도 자신의 의지가 포함되어 있으며, 'もって きませんでした(가지고 오지 않았어요)'는 자신의 의지와는 상관없이 깜박했을 때 사용합니다.

Tip (동사) '〜ない 〈부정형〉 (~하지 않아 / 안 ~해 / 안 ~할)'

선생님 きょうかしょ、もって きましたか。
교과서, 가지고 왔나요?

수진 もたないで、きました。
안 가지고 왔어요.

선생님 どうしてですか。
왜요?

수진 きのう かった あたらしい かばんが ちいさすぎて、
なにも はいりません。
어제 산 새 가방이 너무 작아서, 아무것도 안 들어가요.

오늘의 단어

きょうかしょ 교과서 | もって 가지고, 가져서, 가져 | もたない 가지지 않다, 안 가져 | どうして 왜 |
きのう 어제 | かった 샀다, 산 | あたらしい 새롭다, 새 | ちいさすぎて 너무 작아서 |
なにも 아무것도 | はいりません 안 들어가요

🔊 표현을 듣고 반복해서 따라 해 보세요.

- **かさを もたないで、きました。** 우산을 안 가지고, 왔어요.
  ☺ 반복 횟수 チェック！ ☑☐☐☐☐☐

- **さいふを もたないで、きました。** 지갑을 안 가지고, 왔어요.
  ☺ 반복 횟수 チェック！ ☑☐☐☐☐☐

🎙 밑줄 친 부분을 주어진 단어로 바꿔 말해 보세요.

예 **あさごはん / たべない** 아침밥 / 안 먹어

➡ **あさごはんを たべないで、きました。**

아침밥을 안 먹고, 왔어요.

1 **ともだち / またない** 친구 / 안 기다려

2 **かお / あらわない** 얼굴 / 안 씻어

3 **でんき / けさない** (전기)불 / 안 꺼

4 **ガスの ひ / けさない** 가스 불 / 안 꺼

 몰랐어요!

일본어로 '불' 표현은?

- 電気 전깃불
  예 電気スタンド 스탠드
  部屋の 電気 방의 전등

- 火 (불꽃이 보이는) 불
  예 花火 불꽃놀이
  火の 用心 불조심

なにも いれないで、のみます。

아무것도 안 넣고, 마셔요.

여러분은 커피를 좋아합니까? 저는 항상 커피에 설탕도 우유도 안 넣고 블랙으로 마십니다.
'항상 ~하지 않고 / 항상 안 ~하고'는 'いつも ～ないで'입니다.

Tip   동사 '～ない〈부정형〉(~하지 않아 / 안 ~해 / 안 ~할)'

     동사 '～ます〈정중형〉(~해요 / ~할 거예요 / ~하겠어요)'

수진   コーヒーに さとうを いれて、のみますか。
     커피에 설탕 넣고 마셔요?

모리   いいえ、なにも いれないで、のみます。
     아니요. 아무것도 안 넣고 마셔요.

수진   いつも なにも いれないで、のみますか。
     항상 아무것도 안 넣고 마시나요?

모리   ごはんを たべないで きた ひは
     さとうと ミルクを いれて、のみます。
     밥을 안 먹고 온 날은 설탕과 우유를 넣고 마셔요.

오늘의 단어

コーヒー 커피 | さとう 설탕 | いれて 넣고, 넣어서, 넣어 | のみます 마셔요, 마실 거예요, 마시겠어요 |
なにも 아무것도 | いれない 넣지 않다, 안 넣어 | いつも 항상, 언제나 | ごはん 밥 |
たべない 먹지 않다, 안 먹어 | きた ひ 온 날 | ミルク 우유

🔊 표현을 듣고 반복해서 따라 해 보세요.

- **なにも いれないで、のみます。** 아무것도 안 넣고, 마셔요.

  ☺ 반복 횟수 チェック！☑☐☐☐☐☐

- **コーヒーに さとうを いれないで、のみます。**

  커피에 설탕을 안 넣고, 마셔요.

  ☺ 반복 횟수 チェック！☑☐☐☐☐☐

 밑줄 친 부분을 주어진 단어로 바꿔 말해 보세요.

📗 **ねない / じゅぎょうを うけます** 안 자 / 수업을 들어요

➡ **いつも ねないで、じゅぎょうを うけます。**

항상 안 자고, 수업을 들어요.

1 おふろに はいらない / ねます   목욕 안 해 / 자요

2 かいものを しない / かえります   장을 안 봐 / 돌아가요

3 ごはんを たべない / かいしゃに いきます   밥을 안 먹어 / 회사에 가요

4 たんごを おぼえない / テストを うけます   단어를 안 외워 / 시험을 봐요

😀 **몰랐어요!**

'受けます'의 숙어 표현은?

- 시험을 봐요.   テストを 見ます。(×)   テストを 受けます。(○)

- 수업을 들어요.   授業を 聞きます。(×)   授業を 受けます。(○)

はやく かえらなきゃ。

꼭 빨리 돌아가야 해.

일본어에도 '꼭 ~해야만 해'의 '〜べき'라는 표현이 있습니다.' 하지만, 이 표현은 딱딱한 표현으로, 회화에서는 다른 표현을 많이 사용합니다. '~하지 않으면 안 돼(= 꼭 해야 해)' 라는 '〜なければ ならない' 표현인데, 회화에서는 줄여서 '〜なきゃ'라고 합니다.

Tip [동사] '〜ない 〈부정형〉(~하지 않아 / 안 ~해 / 안 ~할)'

수진　しゅうでんまでには かえらなきゃ。
　　　마지막 전철 때까지는 꼭 돌아가야 해.

야마다　もんげんが あるの?
　　　통금 시간이 있는 거야?

수진　うん、ちちが すごく きびしいから、はやく かえらなきゃ。
　　　응, 아빠가 굉장히 엄격하셔서, 빨리 돌아가야 해.

야마다　ちょっと まって!
　　　잠깐만!

　　　あなた ひとりぐらしじゃ なかった?
　　　너 자취하지 않았어?

오늘의 단어

しゅうでん 마지막 전철 | 〜までには ~까지는, ~안에는 | かえらない 돌아가지 않아, 안 돌아가 |
もんげん 통금 시간 | あるの 있는 거야? | ちち 아빠 | すごく 굉장히 | きびしい 엄격하다 |
〜から ~이니까, ~이기 때문에 | はやく 빨리 | ちょっと まって 잠깐만, 잠깐만 기다려 | あなた 너 |
ひとりぐらし 자취, 혼자 살기 | じゃ なかった ~이(가) 아니었어

🔊 **표현을 듣고 반복해서 따라 해 보세요.**

· **はやく かえらなきゃ。** 꼭 빨리 돌아가야 해.

☺ 반복 횟수 チェック！✓☐☐☐☐☐

· **もんげんまでには かえらなきゃ。** 통금시간까지는 꼭 돌아가야 해.

☺ 반복 횟수 チェック！✓☐☐☐☐☐

🎤 **밑줄 친 부분을 주어진 단어로 바꿔 말해 보세요.**

예 **セールだ / いかない** 세일이다 / 가지 않아

➡ **セールだから、いかなきゃ。** 세일이라서 꼭 가야 해.

① **くちコミの みせだ / よやく しない** 입소문 난 가게다 / 예약 안 해

② **しゅうでんだ / いそがない** 마지막 전철이다 / 서두르지 않아

③ **かりた ものだ / かえさない** 빌린 물건이다 / 돌려주지 않아

④ **だいすきだ / けっこん しない** 엄청 좋아하다 / 결혼 안 해

😀 **몰랐어요!**

일본어로 '유명한 가게' 표현은?

· **有名な 店** 유명한 가게

· **美味しい 店** 맛있는 가게

· **口コミの 店** 입소문 난 가게 ➡ 입에서 입으로 소문이 남

  * 'くち(입)' + 'コミュニケーション(커뮤니케이션)'의 준말

· **お勧めの 店** 추천 가게

Day 86

つかわなきゃ、ダメ。

사용하지 않으면, 안 돼.

'～なきゃ'는 '～なければ ならない(~하지 않으면 안 돼 = 꼭 해야만 해)'의 회화 표현으로 사용하기도 하지만, 가정·조건의 의미인 '～なければ(~하지 않으면)'의 회화 표현으로 사용하기도 합니다. 참고로 '아깝다'는 'おしい(감정적으로 아쉽고 아깝다)'와 'もったいない(물건이 낭비되어 아깝다)'가 있습니다.

Tip 〔동사〕'～ない 〈부정형〉 (~하지 않아 / 안 ~해 / 안 ~할)'

수진 これ つかわないの？ つかわなきゃ もったいないね。
　　　이거 사용하지 않는 거야? 사용하지 않으면 아깝네.

기무라 うん、もったいないから、うる つもり。
　　　응, 아까워서 팔 생각이야.

수진 うれなきゃ、わたしに ちょうだい。
　　　팔리지 않으면 나한테 줘.

〰 **오늘의 단어** 〰

これ 이거 | つかわない 사용하지 않아 | ～の ~인 거야 | もったいない 아깝다 |
～から ~이니까, ~이기 때문에 | うる 팔다, 팔 | ～つもり ~할 생각 | うれない 팔리지 않아 |
わたし 나, 저 | ちょうだい (상대가 나에게) 줘

🔊 **표현을 듣고 반복해서 따라 해 보세요.**

- **つかわなきゃ、ダメ。** 사용하지 않으면, 안 돼.

  ☺ 반복 횟수 チェック！ ☑☐☐☐☐☐

- **つかわなきゃ、もったいない。** 사용하지 않으면, 아까워.

  ☺ 반복 횟수 チェック！ ☑☐☐☐☐☐

🎤 **밑줄 친 부분을 주어진 단어로 바꿔 말해 보세요.**

 あなたが いない / ダメ 당신이 없어 / 안 돼

➔ <u>あなたが いなきゃ</u>、<u>ダメ</u>。 당신이 없으면, 안 돼.

① うれない / もったいない 　　　　 팔리지 않아 / 아까워

② いわない / わからない 　　　　 말하지 않아 / 몰라

③ いま おきない / やばい 　　　　 지금 일어나지 않아 / 위험해(큰일이야)

④ ばれない / いいってもんじゃない 　 들키지 않아 / 다 되는 게 아냐

😀 **몰랐어요!**

'やばい'의 의미는?

원래는 '위험하다, 곤란하다'의 의미였으나, 신조어로 '강조'할 때 사용합니다. 부정적,
긍정적 의미 둘 다 사용 가능합니다.

예 <u>やばい</u>! これ おいしいね。 이거 완전 맛있어.

　　<u>やばい</u>! おもしろくない。 완전 재미없어.

Day 87

よやく しなくて いいかな。

예약 안 해도 될까?

주말에 어딘가를 가기 전에는 항상 혼잣말을 하곤 합니다. '예약 안 해도 될까?' '정기휴일인지 확인 안 해도 될까?'

'~하지 않아도 될까 / ~ 안 해도 될까(혼잣말, 망설임)'는 '〜なくても いいかな'인데, 회화에서는 'も'를 생략하고 '〜なくて いいかな'라고 합니다.

Tip　動詞　'〜ない〈부정형〉(~하지 않아 / 안 ~해 / 안 ~할)'

수진 まえ かりた おかね、かえさなくて いいかな〜。
전에 빌린 돈, 안 갚아도 될까~?

사토 かえさなくて いいから、かわりに きょうの とんかつ、おごってよ。
안 갚아도 되니까, 대신에 오늘 돈가스, 한턱 쏴.

수진 とんかつや いつも こんでるけど、
よやく しなくて いいかな。
돈가스 가게 항상 붐비는데, 예약 안 해도 될까?

사토 さきに わたしが よやく しといたから、
しんぱい しなくて いいよ。
미리 내가 예약해 놨으니까, 걱정 안 해도 돼.

오늘의 단어

まえ 전(에) ｜ かりた 빌렸다, 빌린 ｜ おかね 돈 ｜ かえさない 돌려주지 않아, 갚지 않아 ｜
〜から ~이니까, ~이기 때문에 ｜ かわりに 대신에 ｜ おごって 한턱 쏘고, 쏴서, 쏴 ｜
とんかつや 돈가스 가게 ｜ いつも 항상 ｜ こんでる 붐비고 있다 ｜ よやく しない 예약하지 않아 ｜
さきに 미리, 먼저 ｜ しといた 해놨다 ｜ しんぱい しない 걱정하지 않아

🔊 표현을 듣고 반복해서 따라 해 보세요.

- **よやく しなくて いいかな。** 예약하지 않아도 될까?
  ☺ 반복 횟수 チェック! ☑☐☐☐☐☐

- **キャンセル しなくて いいかな。** 취소하지 않아도 될까?
  ☺ 반복 횟수 チェック! ☑☐☐☐☐☐

🎤 밑줄 친 부분을 주어진 단어로 바꿔 말해 보세요.

 しゅうしょく しない 취업 안 해

➡ **しゅうしょく しなくて いいかな。** 취업 안 해도 될까?

1️⃣ **けしょう しない** 화장 안 해

2️⃣ **しんぱい しない** 걱정 안 해

3️⃣ **しらない** 몰라(알지 못해)

4️⃣ **かえさない** 돌려주지 않아

😃 **몰랐어요!**

일본어 '취소' 표현은?

- 取り消し 취소
- キャンセル 캔슬, 취소
- キャンセル待ち 대기자 명단
  예 キャンセル待ちで お願いします。 대기자 명단에 넣어 주세요.

わらわなくて いいでしょう。

웃지 않아도 되잖아요.

친구가 나를 보며 웃습니다. '나를 좋아하나?' 근데 웃어도 너무 웃습니다. 슬슬 궁금해집
니다. '내 얼굴에 뭐가 묻었나?' 이럴 때는 친구에게 '그렇게(까지) 웃지 않아도 되잖아요'
라고 말해야겠지요.
'~하지 않아도 되잖아요 / ~할 필요까지는 없잖아요'는 '〜なくても いいでしょう'인데,
회화에서는 'も'를 생략하고 '〜なくて いいでしょう'라고 합니다.

Tip 〔동사〕'〜ない〈부정형〉(~하지 않아 / 안 ~해 / 안 ~할)'

수진 **そんなに わらわなくて いいでしょう。**
그렇게(까지) 웃지 않아도 되잖아요.

모리 **ごめんなさい。でも、きょうの スジンさんの
かみがたが ちょっと へんで。**
미안해요. 근데 오늘 수진 씨 헤어스타일이 좀 이상해서.

수진 **ひどーい！**
너무해!

모리 **ごめんなさい。そんなに おこらなくて いいでしょう。**
미안해요. 그렇게(까지) 화내지 않아도 되잖아요.

오늘의 단어

そんなに 그렇게 | わらわない 웃지 않아 | ごめんなさい 미안해요 | でも 근데 | きょう 오늘 |
かみがた 헤어스타일 | ちょっと 좀, 조금 | へんで 이상하고, 이상해서 | ひどい 너무해 |
おこらない 화내지 않아

🔊 표현을 듣고 반복해서 따라 해 보세요.

・ **わらわなくて いいでしょう。** 웃지 않아도 되잖아요.

😊 반복 횟수 チェック！ ☑☐☐☐☐☐

・ **そんなに わらわなくて いいでしょう。**

그렇게(까지) 웃지 않아도 되잖아요.

😊 반복 횟수 チェック！ ☑☐☐☐☐☐

🎤 밑줄 친 부분을 주어진 단어로 바꿔 말해 보세요.

 びっくり しない 깜짝 놀라지 않아

➡ **そんなに びっくり しなくて いいでしょう。**

그렇게 깜짝 놀라지 않아도 되잖아요.

① **おこらない** 화내지 않아

② **なかない** 울지 않아

③ **かなしまない** 슬퍼하지 않아

④ **どならない** 소리 지르지 않아

😝 **몰랐어요!**

일본어로 '미안해요' 표현은?
- **すみません**
  - 1) 사죄의 의미 　미안해요
  - 2) 감사의 의미 　감사해요
  - 3) 사람을 부를 때 　여기요!
  - 4) 부탁하기 전에 　실례합니다
- **ごめんなさい** 　사죄의 의미로만 사용

わらうしか ないです。

웃을 수밖에 없어요.

귀여운 강아지가 내 여권을 물어뜯으며, 신나게 놀고 있습니다. 화가 나지만, 이미 엎질러진 물. 어이없어서, 웃을 수밖에 없네요.

'~할 수밖에 없어요 / ~하는 것 말고는 방법이 없어요'는 '〜しか ないです'입니다.

Tip 동사 '〜「う」단〈기본형〉(~하다 / ~해 / ~할)'

수진 いま うちの こ、はんこうきです。

지금 우리 아이, 반항기예요.

다나카 いまは ほっとくしか ないです。

지금은 내버려 둘 수밖에 없네요.

수진 そうですね。いまは なにを やっても
わらって まつしか ないですね。

맞아요. 지금은 무엇을 해도 웃으며 기다릴 수밖에 없네요.

오늘의 단어

いま 지금 | うちの こ 우리 아이 | はんこうき 반항기 | ほっとく 내버려 두다 |
なにを 무엇을, 뭘 | やっても 해도 | わらって まつ 웃으며 기다리다

- **わらうしか ないです。** 웃을 수밖에 없어요.
  😊 반복 횟수 チェック！ ☑☐☐☐☐☐

- **いまは わらうしか ないです。** 지금은 웃을 수밖에 없어요.
  😊 반복 횟수 チェック！ ☑☐☐☐☐☐

🎤 밑줄 친 부분을 주어진 단어로 바꿔 말해 보세요.

예 **ほっとく** 내버려 두다

➡ **いまは ほっとくしか ないです。**

지금은 내버려 둘 수밖에 없네요.

1 **ゆるす** 용서하다

2 **がんばる** 힘내다, 열심히 하다

3 **いきる** 살아가다, 살아남다

4 **いっしょうけんめい いきる** 열심히 살아가다

😊 **몰랐어요!**

일본어로 '웃다' 표현은?

- 笑う　　　웃다
- 微笑む　　미소 짓다
- 爆笑する　폭소하다, 엄청 웃다
  예 어제 TV 보고 엄청 웃었어. 昨日 テレビ 見て、爆笑した。

いのるしか ないから。

기도하는 것밖에 할 수 없으니까.

수험생은 시험을 위해서 열심히 공부하는 것 말고는 방법이 없습니다. 시험이 끝난 후에는, 좋은 결과가 나오기를 빌며 기다리는 것밖에 할 수 있는 것이 없습니다.
'~할 수밖에 없으니까 / ~하는 것 말고는 방법이 없으니까'는 '～しかないから'이며, '(우리) ~해요 / ~합시다'는 '～ましょう'입니다.

Tip 동사 '～「う」단 〈기본형〉 (~하다 / ~해 / ~할)'

　　　동사 '～ます 〈정중형〉 (~해요 / ~할 거예요 / ~하겠어요)'

수진 **しけんが ぶじ おわりました。**
시험이 무사히 끝났어요.

あとは けっかを まつしか ないです。
앞으로는 결과를 기다리는 것밖에 할 수 없네요.

다나카 **いっしょに ごうかくを いのりましょう。**
우리 함께 합격을 빌어요.

오늘의 단어

しけん 시험 ｜ ぶじ 무사히 ｜ おわりました 끝났어요 ｜ あとは 앞으로는 ｜ けっか 결과 ｜
まつ 기다리다 ｜ いっしょに 함께, 같이 ｜ ごうかく 합격 ｜ いのります 빌어요, 빌 거예요, 빌겠어요

- **いのるしか ないから。** 기도하는 것밖에 할 수 없으니까.

  ☺ 반복 횟수 チェック！ ☑ ⬜⬜⬜⬜⬜

- **もう いのるしか ないから、いのりましょう。**

  이제 기도하는 것밖에 할 수 없으니까, (우리) 기도해요.

  ☺ 반복 횟수 チェック！ ☑ ⬜⬜⬜⬜⬜

 밑줄 친 부분을 주어진 단어로 바꿔 말해 보세요.

예 **がんばる / がんばります** 열심히 하다, 힘내다 / 힘내요

→ **もう がんばるしか ないから、がんばりましょう。**

이제 열심히 할 수밖에 없으니까, (우리) 힘내요.

1 **ほっとく / ほっときます** 내버려 두다 / 내버려 둬요

2 **わらう / わらいます** 웃다 / 웃어요

3 **でんわを まつ / まちます** 전화를 기다리다 / 기다려요

4 **しょうぶする / そうします** 승부를 겨루다 / 그렇게 해요

😃 **몰랐어요!**

일본어 '기도해요' 표현은?

- **祈ります** 기도해요
- **お祈りします** 기도 해요 ＊お祈り 기도

안에 알맞은 표현을 넣어 보세요.

1 꿈을 포기하지 마.

ゆめを ＿＿＿＿＿＿＿＿＿＿＿＿。

2 작품에 손을 대지 마세요.

さくひんに てを ＿＿＿＿＿＿＿＿＿＿＿＿＿。

3 우산을 안 가지고, 왔어요.

かさを ＿＿＿＿＿＿＿＿、きました。

4 커피에 설탕을 안 넣고, 마셔요.

コーヒーに さとうを ＿＿＿＿＿＿＿＿、のみます。

5 세일이라서 꼭 가야 해.

セールだから、＿＿＿＿＿＿＿＿＿。

6 사용하지 않으면, 아까워.

＿＿＿＿＿＿＿＿＿＿＿、もったいない。

7 예약하지 않아도 될까?

よやく ＿＿＿＿＿＿＿＿ いいかな。

8 그렇게 깜짝 놀라지 않아도 되잖아요.

そんなに ＿＿＿＿＿＿＿＿＿＿＿ いいでしょう。

9 지금은 내버려 둘 수밖에 없네요.

いまは ほっとく ＿＿＿＿＿＿＿＿＿。

10 이제 열심히 할 수밖에 없으니까, (우리) 힘내요.

もう がんばる ＿＿＿＿ ないから、＿＿＿＿＿＿＿＿＿。

정답
1 あきらめないで **2** ふれないで ください **3** もたないで **4** いれないで **5** いかなきゃ
6 つかわなきゃ **7** しなくて **8** びっくり しなくて **9** しかないです **10** しか / がんばりましょう

일본 3대 축제

日本三大祭り

교토 祇園祭り [기온 마쓰리]

- 시기: 매년 7월 17일(전축제) / 24일(2014년부터 24일의 후축제가 부활)
  - ➡ 7월 한 달 내내 축제 분위기
- 장소: 일본 교토 야사카 신사
- 유래: 9세기경 교토 천도 후 역병 퇴치를 위해 신에게 제를 올린 것에서 유래
- 하이라이트: 17일(23개)과 24일(10개)에 거행되는 화려한 야마보코 행렬(이 중 29개는 무형민속문화재로 지정)

오사카 天神祭り [덴진 마쓰리]

- 시기: 매년 7월 24일~25일
- 장소: 일본 오사카 덴만구 신사 부근
- 유래: 스가와라노 미치자네의 영혼을 달래기 위해 무기를 바다에 띄워 그것이 닿는 해변에서 의식을 치른 것에 유래(현재는 건강을 기원하는 축제로 바뀜)
- 하이라이트: 25일 '오오'강 위의 화려한 횃불로 장식한 100여 척의 배(밤에는 화려한 불꽃놀이)

도쿄 神田祭り [간다 마쓰리]

- 시기: 매년 5월 15일에 가까운 토요일
- 장소: 일본 도쿄 간다 신사
- 유래: 도쿠가와 이에야스가 1603년 세키가하라 전투의 승리를 기념한 축제에서 유래
- 하이라이트: 화려한 장식의 가마 수십 대, 북춤, 전통춤 등 다양한 행사

Day 91

あなたと
いるだけで いい。

당신과 있는 것만으로도 좋아.

일본에는 '네가 있는 것만으로도(きみが いるだけで)'라는 유명한 노래가 있습니다. 노래 중에 '당신이 있는 것만으로도, 마음이 든든해져요'라는 가사가 있는데요. 여러분은 벌써 그런 사람이 바로 옆에 있어서 정말 든든하겠네요.
"수진 선생님이 있는 것만으로 일본어 공부가 든든해요!"
'~하는 것만으로도'는 '〜だけで'입니다.

Tip 〔동사〕 '〜「う」단 〈기본형〉 (~하다 / ~해 / ~할)'

수진 たなかさんと いっしょに いるだけで、こころづよいです。
다나카 씨와 함께 있는 것만으로도 마음 든든해요.

다나카 それで スジンさんは こがないんですか。
그래서 수진 씨는 (노를) 안 젓는 거예요?

수진 あっ、ばれましたか。
앗, 들켰어요?

오늘의 단어

いっしょに 함께, 같이 | いる 있다 | こころづよい 마음 든든해 | それで 그래서 |
こがないんです (노를) 젓지 않아요, 안 저어요 | ばれました 들켰어요

- **あなたと いるだけで いいです。** 당신과 있는 것만으로도 좋아요.

  😊 반복 횟수 チェック！ ☑️⬜⬜⬜⬜⬜

- **あなたと いるだけで こころづよいです。**

  당신과 있는 것만으로도 마음 든든해요.

  😊 반복 횟수 チェック！ ☑️⬜⬜⬜⬜⬜

🎤 밑줄 친 부분을 주어진 단어로 바꿔 말해 보세요.

예 **しゃちょうが いる / きが おもい** 사장님이 있다 / 마음이 무거워

➡️ <u>しゃちょうが</u> いるだけで、<u>きが おもい</u>です。

사장님이 있는 것만으로도, 마음이 무거워요.

① **たべる / しあわせ** 먹다 / 행복해

② **みる / くるしい** 보다 / 괴로워

③ **いれる / おいしい** 넣다 / 맛있어

④ **そうぞうする / たのしい** 상상하다 / 즐거워

 몰랐어요!

일본어로 '마음' 관련 표현은?
- 気が重い 마음이 무겁다
- 心強い 마음 든든하다
- 気が軽い 마음이 가볍다
- 心遣い 마음 씀씀이

Day 92

ちからを ぬくだけで。

힘을 빼는 것만으로도.

긴장했을 때, 눈을 감고 온몸에 힘을 빼보세요. 온몸에 힘을 빼는 것만으로도, 안정을 찾을 수 있다고 해요.

'~하는 것만으로도'는 '～だけで'이며, '~하다고 해 / ~하다던데'는 '～って'입니다.

Tip 동사 '～「う」단 〈기본형〉(~하다 / ~해 / ~할)'

수진 この はちうえ かったの?
이 화분 산 거야?

다나카 しょくぶつを そだてるだけで、
へやの なかの くうきが きれいに なるって。
식물을 키우는 것만으로도, 방 안의 공기가 깨끗해진다더라.

수진 わたしは しょくぶつを さわるだけで、
きぶんが よく なる。
난 식물은 만지는 것만으로도, 기분이 좋아져.

~~~ 오늘의 단어 ~~~

この 이 | はちうえ 화분 | かったの 산 거야, 샀어 | しょくぶつ 식물 | そだてる 키우다 |
へやの なか 방 안 | くうき 공기 | きれいに なる 깨끗해지다 | ～って ~하다고 해, ~하다던데 |
さわる 만지다 | きぶん 기분 | よく なる 좋아지다

- **ちからを ぬくだけで、リラックス できるって。**

  힘을 빼는 것만으로도, 릴랙스 가능하다던데.

  😊 반복 횟수 チェック！ ☑☐☐☐☐☐

- **ちからを ぬくだけで、こりが とれるって。**

  힘을 빼는 것만으로도, 결린(뻐근한) 게 풀린다던데.

  😊 반복 횟수 チェック！ ☑☐☐☐☐☐

🎤 밑줄 친 부분을 주어진 단어로 바꿔 말해 보세요.

예 **さわる / うんきが あがる** 만지다 / 운이 좋아지다

➡ **さわるだけで うんきが あがるって。**

만지는 것만으로도, 운이 좋아진다던데.

① **したぎを きる / やせる** 속옷을 입다 / 살 빠지다

② **チンする / りょうり できる** 전자레인지에 데우다 / 요리 가능하다

③ **ちゃんと ねる / びょうきが なおる** 잘 자다 / 병이 낫다

④ **カードを つかう / ポイントが たまる** 카드를 쓰다 / 포인트가 쌓이다

 몰랐어요!

일본어로 '가능하다네(전달하는 문체)' 표현은?

- **できるって。** 가능하다던데. (가벼운 회화 표현)
- **できるんだって。** 가능하다고 하던데. (가벼운 회화 표현)
- **できるそうです。** 가능하다고 해요. (정중한 표현)

モテる きが します。

인기 많을 것 같은 느낌이 들어요.

여러분의 주변에는 어떤 사람이 인기가 많나요? 일본에는 'いやされる(치유되다, 힐링이 되다)'라는 단어가 있습니다. 만나서 힐링이 되는 스타일의 사람을 'いやしけい(힐링이 되는 계열)'이라고 하며, 이런 스타일이 인기가 많을 것 같은 느낌이 듭니다.

'~할 것 같은 기분(느낌)이 들어요'는 '〜きが します'입니다. 또, 'モテる'는 '(사람이) 인기가 많다'의 경우에만 사용하며, '(사람 외에) 인기가 많다'는 'にんきが ある'를 사용합니다.

Tip 동사 '〜「う」단〈기본형〉(~하다 / ~해 / ~할)'

수진 きょうは しごとが おそく なる きが します。
오늘은 일이 늦게 끝날 것 같은 기분이 들어요.

모리 ダメです！ なんだか きょうは
うんめいの ひとに であう きが して。
안 돼요! 왠지 오늘은 운명의 사람을 만날 것 같은 느낌이 들어서.

오늘의 단어

きょう 오늘 | しごと 일, 직업 | おそく なる 늦어지다, 늦게 끝나다 | ダメ 안 돼 | なんだか 왠지 | うんめいの ひと 운명의 사람 | 〜に であう ~을(를) 만나다 | きが して 느낌이 들어서

🔊 표현을 듣고 반복해서 따라 해 보세요.

• **あのひと、モテる きが します。**

저 사람, 인기 많을 것 같은 느낌이 들어요.

☺반복 횟수 チェック! ☑️☐☐☐☐☐

• **いやしけいは モテる きが します。**

편안한 스타일은 인기 많을 것 같은 느낌이 들어요.

☺반복 횟수 チェック! ☑️☐☐☐☐☐

🎤 밑줄 친 부분을 주어진 단어로 바꿔 말해 보세요.

예 **この ゲームは / かてる** 이 게임은 / 이길 수 있다

➜ <u>この ゲームは かてる</u> きが します。

이 게임은 이길 수 있을 것 같은 기분이 들어요.

1️⃣ ぜんぶ / たべられる   전부 / 먹을 수 있다

2️⃣ たべたら / ふとる   먹으면 / 살찌다

3️⃣ ここで / であう   여기에서 / 만나다

4️⃣ うんめいの ひとに / であう   운명의 사람을 / 만나다

 몰랐어요!

일본어로 '만나다' 표현은?
• 出会う 처음 우연히 만나다, 운명적인 만남을 갖다
• 会う   일반적으로 만나다

ふとらない きが します。

살찌지 않을 것 같은 기분이 들어요.

'이거 먹으면, 살찌지 않을 것 같은 기분이 들어'라며 맘껏 먹었는데, 그다음 날 몸무게를 보며 배신감을 느낀 적이 있나요? 이 세상에는 맘껏 먹어도 절대 살찌지 않는 무언가가 반드시 존재할 겁니다. 우리가 아직 모를 뿐입니다.

'~하지 않을 것 같은 기분(느낌)이 들어요'는 '〜ない きが します'입니다.

Tip 〔동사〕'〜ない 〈부정형〉(~하지 않아 / 안 ~해 / 안 ~할)'

수진 おちゃを のむと、ふとらない きが します。

차를 마시면, 살찌지 않을 것 같은 기분이 들어요.

다나카 でも、おちゃと ラーメン みっつを いっしょに たべると、
こうかが ない きが しますけど。

근데, 차와 라면 3개를 같이 먹으면, 효과가 없을 것 같은 느낌이 드는데요.

수진 そんなに うるさく いわれると、
やせない きが しますけど。

그렇게 잔소리를 들으면, 살이 안 빠질 것 같은 기분이 드는데요.

오늘의 단어

おちゃ 차 | のむと 마시면 | ふとらない 살찌지 않다 | でも 근데 | ラーメン 라면 |
みっつ 3개 | いっしょに 함께, 같이 | たべると 먹으면 | こうかが ない 효과가 없다 |
〜けど ~인데 | そんなに 그렇게 | うるさく いわれると 잔소리를 들으면 | やせない 살 안 빠지다

🔊 **표현을 듣고 반복해서 따라 해 보세요.**

• **ふとらない きが します。** 살찌지 않을 것 같은 기분이 들어요.

😊 반복 횟수 チェック！ ✓◻◻◻◻◻

• **おちゃを のむと、ふとらない きが します。**

차를 마시면, 살찌지 않을 것 같은 기분이 들어요.

😊 반복 횟수 チェック！ ✓◻◻◻◻◻

🎤 **밑줄 친 부분을 주어진 단어로 바꿔 말해 보세요.**

예 **この ゲーム / かてない** 이 게임 / 이길 수 없다

➡ **この ゲームは もう かてない きが します。**

이 게임은 이제 이길 수 없을 것 같은 기분이 들어요.

① かれ / こない　　　　　　그 / 안 오다

② デジカメ / いらない　　　디카(디지털카메라) / 필요 없다

③ あの ふたり / けんか しない　저 두 사람 / 싸움 안 하다

④ とうきょう / あめが ふらない　도쿄 / 비가 안 오다

😀 **몰랐어요!**

일본어로 '살찌다/살 빼다' 표현은?

• **太る** 살찌다　　　 = (体重が) 増える (체중이) 늘다

• **やせる** 살 빼다, 마르다 = (体重が) 減る (체중이) 빠지다

あしたは はれるでしょう。

내일은 맑을 거예요. / 내일은 맑겠지요.

어제도 맑고 오늘도 맑았습니다. 이대로라면, '아마 내일도 맑을 거예요'. 자신의 정보를 토대로 추측할 때 사용하는 표현을 연습해 볼까요?
'~할 거예요 / ~하겠지요'는 '〜でしょう'입니다.

Tip [동사] '〜「う」단〈기본형〉(~하다 / ~해 / ~할)'

수진　あしたも はれるでしょうか。
　　　내일도 맑을까요?

사토　このごろ ずっと はれましたから、あしたも はれるでしょう。
　　　요즘 계속 맑았으니까, 내일도 맑을 거예요.

수진　わたしの こころは くもりなのに。
　　　내 마음은 흐림인데….

사토　だんだん こころも はれて くるでしょう。
　　　점점 마음도 맑아질 거예요.

오늘의 단어

あした 내일 ｜ はれる 맑다 ｜ このごろ 요즈음 ｜ ずっと 계속 ｜ はれました 맑았어요 ｜
〜から ~이니까, ~이기 때문에 ｜ わたし 나, 저 ｜ こころ 마음 ｜ くもり 흐림 ｜ 〜なのに ~인데 ｜
だんだん 점점 ｜ はれて くる 맑아 오다, 맑아지다

🔊 표현을 듣고 반복해서 따라 해 보세요.

• **あしたは はれるでしょう。** 내일은 맑을 거예요.
  ☺ 반복 횟수 チェック！ ✓☐☐☐☐☐

• **いちにちじゅう はれるでしょう。** 하루 종일 맑을 거예요.
  ☺ 반복 횟수 チェック！ ✓☐☐☐☐☐

🎤 밑줄 친 부분을 주어진 단어로 바꿔 말해 보세요.

 ひえる 추워지다

➡ **あしたは ぜんこくてきに、ひえるでしょう。**
  내일은 전국적으로, 추워질 거예요.

① くもる　　　　흐리다

② ゆきが ふる　　눈이 내리다

③ あめが やむ　　비가 그치다

④ たいふうが くる 태풍이 오다

😃 몰랐어요!

일본어로 '날씨' 관련 표현은?

• 雨 (あめ) 비
• 小雨 (こさめ) 보슬비
• 大雨 (おおあめ) 호우
• 雪 (ゆき) 눈
• 小雪 (こゆき) 적게 내리는 눈
• 大雪 (おおゆき) 대설
• 梅雨入り (つゆいり) 장마철에 들어감
• 梅雨明け (つゆあけ) 장마철이 끝남

うそ つかないでしょう。

거짓말 안 할 거예요. / 거짓말 안 하겠지요.

오랫동안 함께한 친구는 나의 많은 부분을 알고 있습니다. 가끔 내가 이상한 행동을 해도 오늘만 이상하려니 하며, 내 근본을 의심하지 않습니다.

'~하지 않을 거예요 / 안 ~하겠지요'는 '～ないでしょう'입니다. 참고로 '거짓말'은 'うそ' 이며, '거짓말을 하다'는 'うそを する'가 아니라 'うそを つく'입니다.

Tip 동사 '～ない〈부정형〉(~하지 않아 / 안 ~해 / 안 ~할)'

수진 かれは いつも やくそくを まもる ひとです。うそ つかないでしょう。
그는 항상 약속을 지키는 사람이에요. 거짓말 안 할 거예요.

기무라 もし かれが うそ ついても
スジンさんは にくまないでしょうか。
만약에 그가 거짓말해도 수진 씨는 미워하지 않겠지요?

수진 もちろんです。かれなりの わけが あるでしょう。
물론이죠. 그 나름의 이유가 있을 거예요.

오늘의 단어

かれ 그, 그 남자 | いつも 항상, 언제나 | やくそく 약속 | まもる 지키다 | ひと 사람 |
うそ つかない 거짓말 안 해 | もし 만일, 만약 | うそ ついても 거짓말해도 |
にくまない 미워하지 않아 | もちろん 물론 | ～なりの ~나름의 | わけが ある 이유가 있다, 까닭이 있다

표현을 듣고 반복해서 따라 해 보세요.

· **かれは うそ つかないでしょう。** 그는 거짓말 안 할 거예요.

☺반복 횟수 チェック！ ☑☐☐☐☐☐

· **たぶん かれは うそ つかないでしょう。**

아마도 그는 거짓말 안 하겠지요.

☺반복 횟수 チェック！ ☑☐☐☐☐☐

 밑줄 친 부분을 주어진 단어로 바꿔 말해 보세요.

예 **かじ しない** 집안일 안 해

➜ **たぶん かのじょは かじ しないでしょう。**

아마도 그녀는 집안일 안 할 거예요.

1 **けっこん しない** 결혼 안 해

2 **ざんぎょう しない** 야근 안 해

3 **にくまない** 미워하지 않아

4 **きに いらない** 마음에 안 들어 해

😀 **몰랐어요!**

'**〜でしょう**'의 반말 표현은?

· **〜だろう** ~할 거야, ~하겠지 (주로 남자들이 사용)

예 **うそ つくだろう。** 거짓말하겠지.

うそ つかないだろう。 거짓말 안 하겠지.

やめるかも しれません。

그만둘지도 몰라요.

'일을 그만둘지도 몰라요'라는 표현은 그만둘 수도 있고~, 아닐 수도 있다~. 즉, 확실성에 자신 없을 때 사용하는 추측의 표현입니다. 이 말을 듣고, '넌 어떤 근거하에 그렇게 말하니'라는 반응을 할 필요는 없겠지요.

'~할지도 몰라요'는 '～かも しれません'입니다.

Tip 동사 '～「う」단〈기본형〉(~하다 / ~해 / ~할)'

수진 わたし、しぬかも しれません。
나, 죽을지도 몰라요.

다나카 どうしたんですか。もしかして びょうきですか。
무슨 일이에요? 혹시 병인가요?

수진 きのう のどから ちが でました。
これって はいがんかも しれませんよね。
어제 목에서 피가 났어요. 이건 폐암일지도 몰라요.

다나카 おおげさですよ。
오버예요.

きのう ずっと うたった せいかも しれませんね。
어제 계속 노래한 탓일지도 몰라요.

오늘의 단어

しぬ 죽다 | どうしたんですか 무슨 일이에요? | もしかして 혹시나 | びょうき 병 | きのう 어제 |
のど 목 | ～から ~에서(부터), ~이기 때문에 | ちが でました 피가 나왔어요 | これって 이건 |
はいがん 폐암 | おおげさ 오버야, 과장됐어 | ずっと 계속 | うたった 노래했다, 노래한 |
～せい ~의 탓, ~때문에

- **しごとを やめるかも しれません。** 일을 그만둘지도 몰라요.
  😊 반복 횟수 チェック！ ☑☐☐☐☐☐

- **ブログを やめるかも しれません。** 블로그를 그만둘지도 몰라요.
  😊 반복 횟수 チェック！ ☑☐☐☐☐☐

🎤 밑줄 친 부분을 주어진 단어로 바꿔 말해 보세요.

예 **パートを / つづける** 파트타임을 / 계속하다

➜ <u>パートを</u> <u>つづける</u>かも しれません。

파트타임을 계속할지도 몰라요.

① **メルカリに / はまる** 메르카리(플리마켓 어플)에 / 푹 빠지다

② **げんきが / でる** 기운이 / 나다

③ **にんきが / でる** 인기가 / 생기다

④ **ぎせいしゃが / でる** 희생자가 / 나오다

😜 **몰랐어요!**

'メルカリ[메르카리]'는 어떤 어플리케이션?

'フリマアプリ(플리마켓 어플)'로 일본판 '중고나라'입니다. 2017년 이후 일본에서 대대적인 붐을 일으켰습니다. 'メルカリ'의 가장 큰 장점은 상대에게 주소와 연락처를 알리지 않아도 되는 안심 거래라는 점입니다.

もらえないかも
しれません。

받지 못할지도 몰라요.

어렸을 때는 나쁜 행동을 할 때마다, 산타 할아버지에게 선물을 못 받을까 봐 기도하며 참회의 눈물을 흘렸습니다. 지금 생각해 보면, 주위의 어른들은 산타 할아버지를 참 잘 활용했던 것 같습니다.

'~하지 않을지도 몰라요 / 안 ~할지도 몰라요'는 '〜ないかも しれません'입니다.

Tip 동사 '〜ない 〈부정형〉 (~하지 않아 / 안 ~해 / 안 ~할)'

어린이 수진 サンタさん！ わたしは うそを つきました。
いいこじゃ ないかも しれません。
산타 할아버지! 저는 거짓말을 하였습니다. 착한 어린이가 아닐지도 모릅니다.

선생님 サンタさんに きこえないかも しれませんから、
もっと おおきい こえで！
산타 할아버지에게 안 들릴지도 모르니까, 더 큰 소리로!

어린이 수진 す！み！ま！せ！ん！ ソーリー！
죄! 송! 합! 니! 다! Sorry!

오늘의 단어

サンタさん 산타 할아버지 | うそを つきました 거짓말을 했어요 | いい こ 착한 아이 |
〜じゃ ない ~이(가) 아니다 | きこえない 안 들려 | 〜から ~이니까, ~이기 때문에 | もっと 더, 더욱더 |
おおきい 크다 | こえ (목)소리 | 〜で ~으로, ~에서 | すみません 죄송해요 | ソーリー 쏘리(sorry)

표현을 듣고 반복해서 따라 해 보세요.

- **プレゼントを もらえないかも しれません。**

  선물을 받지 못할지도 몰라요.

  ☺ 반복 횟수 チェック！☑☐☐☐☐☐

- **ほしい ものを もらえないかも しれません。**

  갖고 싶은 것을 받지 못할지도 몰라요.

  ☺ 반복 횟수 チェック！☑☐☐☐☐☐

🎤 밑줄 친 부분을 주어진 단어로 바꿔 말해 보세요.

예 **いえに / こない** 집에 / 안 와

➡ **いえに こないかも しれません。** 집에 안 올지도 몰라요.

❶ **よの なかに / いない** 이 세상에 / 없어

❷ **てがみ / おくれない** 편지 / 못 보내

❸ **かんこくご / はなせない** 한국어 / 말 못 해

❹ **ことば / つうじない** 말 / 안 통해

😛 **몰랐어요!**

'〜かも しれません'의 준말은?

- **〜かも** ~할걸, ~일걸

  예 **サンタは いるかも。** 산타는 있을걸.

  サンタは いないかも。 산타는 없을걸.

よく みえる ように して。

잘 보이도록 해 줘.

일상생활에서 소소한 부탁을 할 때 많이 사용하는 표현이 '~하도록'입니다. '잘 보이도록 크게 써 주세요.' '바람이 이쪽으로 오도록 해 주세요.' 또, 신께 소소한 부탁을 할 때(기도 할 때)도 사용합니다. '이번에는 합격할 수 있도록, 도와주세요.' '예뻐질 수 있도록 해 주세요.' '~하도록'은 '～ように'입니다.

Tip 동사 '～「う」단 〈기본형〉(~하다 / ~해 / ~할)'

동사 '～て 〈접속형〉(~하고 / ~해서 / ~해)'

선생님 みなさん! なるべく まいにち やさいを たべる ように して ください。
여러분! 되도록 매일 채소를 먹도록 하세요.

어린이 수진 やさいは おいしく ないです。
채소는 맛없어요.

선생님 でも、からだには いいんです。
하지만, 몸에는 좋은 거예요.

어린이 수진 かみさま! どうか やさいが
おいしく なります ように。
하나님! 부디 채소가 맛있어지도록 해 주세요.

오늘의 단어

みなさん 여러분 | なるべく 되도록, 가능한 | まいにち 매일 | やさい 채소 | たべる 먹어 |
おいしく ない 맛없다 | でも 하지만, 근데 | からだには いい 몸에는 좋다 | かみさま 하나님 |
どうか 부디, 아무쪼록 | おいしく なります 맛있어져요 | ～ます ように ~하도록 해 주세요(기도 표현)

🔊 표현을 듣고 반복해서 따라 해 보세요.

- **よく みえる ように、して ください。** 잘 보이도록, 해 주세요.
  😊 반복 횟수 チェック！ ☑️⬜⬜⬜⬜⬜

- **よく みえる ように、おおきく かいて ください。**
  잘 보이도록, 크게 써 주세요.
  😊 반복 횟수 チェック！ ☑️⬜⬜⬜⬜⬜

🎤 밑줄 친 부분을 주어진 단어로 바꿔 말해 보세요.

예 **よく きこえる / して** 잘 들리다 / 해
  ➡ **なるべく <u>よく きこえる</u> ように、<u>して</u> ください。**
    되도록 잘 들리도록, 해 주세요.

❶ **はやく つく / して**   일찍 도착하다 / 해
❷ **バランス よく たべる / して**   밸런스 맞게(영양가 있게) 먹다 / 해
❸ **ごうかく できる / がんばって**   합격할 수 있다 / 열심히 해
❹ **ちゃんと わかる / せつめいして** 제대로 이해하다 / 설명해

 몰랐어요!

일본어로 기도하기

예 **合格 できます ように。** 합격할 수 있도록, (해 주세요).
美人 に なれます ように。 미인이 될 수 있도록, (해 주세요).
良い 一年 に なります ように。 좋은 1년이 되도록, (해 주세요).
明日は 雨が 降りません ように。 내일은 비가 안 오도록, (해 주세요).

わすれない ように して。

잊지 않도록 해 줘.

오늘은 중요한 계약이 성사되는 날입니다. 거래처 사장님과의 약속을 잊지 않도록 메모합니다. 사장님이 기다리지 않도록 일찍 나갑니다. 서류를 잃어버리지 않도록 가방에 미리 넣어둡니다. '~하지 않도록'은 '～ない ように'입니다.

Tip 동사 '～ない 〈부정형〉 (~하지 않아 / 안 ~해 / 안 ~할)'

동사 '～て 〈접속형〉 (~하고 / ~해서 / ~해)'

수진 きょうの やくそく わすれない ように、メモして ください。
오늘 약속 잊지 않도록, 메모해요.

모리 はい、そうします。
네, 그렇게 할게요.

でも、わたし いま すごく ねむいんです。
근데, 나 지금 굉장히 졸려요.

수진 ダメです。いねむり しない ように、
コーヒーを のんで ください。
안 돼요. 졸지 않도록, 커피를 마셔요.

오늘의 단어

やくそく 약속 | わすれない 잊지 않아 | メモして 메모해 | そうします 그렇게 할게요 |
でも 근데 | いま 지금 | すごく 굉장히 | ねむい 졸리다 | ダメ 안 돼 |
いねむり しない 졸지 않아 | コーヒー 커피 | のんで 마시고, 마셔서, 마셔

- **わすれない ように、して ください。** 잊지 않도록, 해 주세요.
  ☺ 반복 횟수 チェック! ☑☐☐☐☐☐

- **わすれない ように、メモして ください。**

  잊지 않도록, 메모해 주세요.
  ☺ 반복 횟수 チェック! ☑☐☐☐☐☐

밑줄 친 부분을 주어진 단어로 바꿔 말해 보세요.

(예) **すべらない** 미끄러지지 않아

➜ **<u>すべらない</u> ように、ちゅういして ください。**

미끄러지지 않도록, 주의해 주세요.

❶ **かぜを ひかない**　　　　감기에 걸리지 않아

❷ **なるべく めだたない**　　되도록 눈에 띄지 않아

❸ **しゃちょうを またせない**　사장님을 기다리게 하지 않아

❹ **シャンプーが めに はいらない**　샴푸가 눈에 들어가지 않아

😃 몰랐어요!

'目'를 사용한 관용 표현은?

- 目立つ　　　　눈에 띄다, 돋보이다 (직역: 눈앞에 서 있다)
- 目を引く　　　눈길을 끌다 (직역: 눈을 끌다)
- 目にする　　　(실제로) 보다 (직역: 눈으로 하다)
- 目の敵にする　눈엣가시로 여기다 (직역: 눈의 적으로 하다)

안에 알맞은 표현을 넣어 보세요.

1 당신과 있는 <u>것만으로도</u> 마음 든든해요.

あなたと ▩▩▩▩▩▩ こころづよいです。

2 힘을 <u>빼는 것만으로도</u>, 릴랙스 가능하다던데.

ちからを ▩▩▩▩▩▩、リラックス できる ▩▩▩。

3 저 사람, 인기 <u>많을 것 같은 느낌이 들어요</u>.

あの ひと、モテる ▩▩▩▩▩▩。

4 차를 <u>마시면</u>, 살찌지 <u>않을 것 같은 기분이 들어요</u>.

おちゃを のむ ▩▩、ふとらない ▩▩▩▩▩▩。

5 내일은 <u>맑을 거예요</u>.

あしたは はれる ▩▩▩▩。

6 그는 거짓말 <u>안 할 거예요</u>.

かれは うそ ▩▩▩▩▩。

7 파트타임을 <u>계속할지도 몰라요</u>.

パートを つづける ▩▩▩▩▩▩▩。

8 집에 <u>안 올지도 몰라요</u>.

いえに ▩▩▩▩▩▩ しれません。

9 잘 <u>보이도록</u>, 크게 써 주세요.

よく みえる ▩▩▩▩、おおきく かいて ください。

10 <u>미끄러지지 않도록</u>, 주의해 주세요.

▩▩▩▩▩▩▩、ちゅういして ください。

---

 1 いるだけで **2** ぬくだけで / って **3** きが します **4** と / きが します **5** でしょう
6 つかないでしょう **7** かも しれません **8** こないかも **9** ように **10** すべらない ように

일본어 동사

◆ 동사의 기본형 그룹 나누기

1그룹	2그룹, 3그룹을 제외한 나머지 동사 동사의 어미가 「う」단 [예외 1그룹] 2그룹의 형태이지만 1그룹 변형하는 특별 형태
2그룹	동사의 어미가 'る'로 끝나고 앞의 글자가 「い」단 또는 「え」단 い단+る　**예** みる　おきる　きる え단+る　**예** ねる　かける　すてる
3그룹	불규칙 동사 2개 する　くる

◆ 주요 동사 변형 및 해석

	ます	**て**	**た**	**ない**
해석	~해요 ~할 거예요 ~하겠어요	~하고 ~해서 ~해	~했다 ~한	~하지 않아 ~하지 않는
1그룹	동사의 어미 う단 ⇒ い단 +ます	동사의 어미 うつる ⇒ って ぬむぶ ⇒ んで す ⇒ して く ⇒ いて ぐ ⇒ いで	동사의 어미 うつる ⇒ った ぬむぶ ⇒ んだ す ⇒ した く ⇒ いた ぐ ⇒ いだ	동사의 어미 う단 ⇒ あ단 +ない *~う ⇒ ~わない
예외	×	行く⇒行って	行く⇒行った	ある⇒ない
2그룹	~る+ます	~る+て	~る+た	~る+ない
3그룹 (する/くる)	します きます	して きて	した きた	しない こない

 / MEMO /